WHAT USE IS SOCIOLOGY?

ZYGMUNT BAUMAN

CONVERSATIONS WITH MICHAEL-HVIID JACOBSEN KEITH TESTER

# 社会学の使い方

ジグムント・バウマン

聞き手 ミカエル・ヴィード・ヤコブセン＋キース・テスター

伊藤茂 訳

青土社

# 社会学の使い方　目次

# 社会学の使い方

# まえがき

本書の目的は、価値中立的な科学を標榜する「技術者」ではなく、自らをこの世界と対峙する積極的な主体と考える社会学者を励ますことにある。本書は二〇一二年の一月から一三年の三月にかけてジグムント・バウマンと交わした四度の会話と、質問に対する回答、三人の間の個人的な会合の記録、書簡、バウマンが発表したいくつかの文書を組み合わせたものである。継続性や余韻を持たせたり、ときには変化をつけたりするために、テーマに沿って題材を配置している。必要に応じて文章に修正をほどこしたが（英語は書き言葉と話し言葉の違いが大きく、読みにくい場合もあったため）、基本的にはほとんど手を加えていない。そのねらいは本書に収められた複数の会話を超える一つの会話を生み出すことにある。

本書は、社会学者やこれから社会学を志そうとする人々に、私たち社会学者は何を行うのか、なぜ、どのように、誰のためにそれを行うのか、もう一度考えてもらおうとするものである。これは新しい社会学書の書き方を示したものでもある。本書の形式と内容は一致している。本書全体を貫く目的は、バウマンが発する道徳的・政治的メッセージを私たち自身の実践に生かせるようにすることである。オルタナティヴ（代替的）なものが存在することは間違いないが、それを生み出せるかどうかは私たちしだいである。

ミカエル・ヴィード・ヤコブセン＆キース・テスター

経営的な色彩が薄いか経営学に反対する、伝統的で人間的な社会学は……意思決定の内的な動機の源泉を活性化することで、人間の行動を予測できないものにしようとする。それは人々に自らの置かれた状況についての広範な知識を提供することによって、選択の自由の幅を拡大させる。

ジグムント・バウマン（ポーランド社会学会報、一九六七）

従来にも増して、私たちは罠に陥らないよう注意しなければなりません。その罠はそれが直すと主張する症状よりも有害な可能性があるからです。ところで、私たちの仕事は、この非ロマン主義的な時代の後で、ふたたび勇気と一貫性と人間の価値に対する忠誠を試す場になるかもしれません。

社会学の講義室の壁に、マックス・ヴェーバーが半世紀以上前に語った次の言葉を刻んだ方がいいかもしれません。「職業的な思想家がすぐにもとりかかるべき作業は、この時代に広まっている偶像の前で冷静さを保つことであり、必要ならば、流れに逆らって泳ぐことである」と。

ジグムント・バウマン（リーズ大学での教授就任講義、一九七二）

# 序文

社会学的想像力によって加工される原材料は人間の経験である。「社会的現実」と呼ばれる社会学的想像力の最終産物は、経験という原石から精錬される金属の鋳型である。その鋳型は原石の性質を反映せざるをえず、そこから生産される物質の内容も、原石の成分を有益な物質と廃棄物に分ける精錬工程の影響を受け、その形態もまた精錬された金属が注がれる鋳型（すなわち、その認知の枠組み）に左右される。

ジグムント・バウマン『包囲された社会 *Society under Siege*』、二〇〇二

社会学にはさまざまな用途がある。その用途は絶えず変化しながら拡大しており、各用途の間には矛盾もみられる。したがって、「社会学は何に役立つか」という問いかけは常に適切である。[1] とりわけ問わなければならないのは「社会学は何のためのものか」である。そうした問いが問われなければならないのは社会学が他のあらゆる知的な営みと異なるためである。ほとんどの学問は「向う側にある」対象を特定できるが、社会学にはそれが不

可能である。なぜなら、社会学そのものがその研究対象である社会的世界の一部であるためだ。言い換えれば、社会学は、社会学の洞察力がなくても営むことができる社会的世界の一部なのである。

こうした社会学のあり方には問題があり、ぜひとも是正すべきだとする意見は連綿と続いており、現在もその動きはやまない。その結果、社会学と社会的世界の間に壁を築こうと、さまざまな試みが繰り返されてきた。現在も方法論を過度に重視する流れが続いており、「価値中立性」を強調して、新規参入者が戸惑うような難解な「科学的」用語を開発したり、専門技術を身につけたりするよう求めている。これらはすべて、社会学とその研究対象である世界を隔てる壁の役目を果たすものである。その結果、社会学は科学的な「魔術」となり、それが記述し調査し分析する人間の生活から切り離されていく。(2) そうした壁の中の社会学は科学的で客観的とみなされる。それが、社会学者が行うあらゆる社会活動とは違って、権力や私利や偏見を免れているとされるからだ。だが、その壁の後ろに隠れようとする社会学者は、政策立案者におもねって自らの知見を売ろうとしたり、研究助成金を通じて権力に買われるのを待とうとする。そうなると、社会学を社会生活の中に位置づけようとする作業は、それ以外の人々の手にゆだねられることになる。社会学が社会的世界の不可欠の一部であることを否定していけば、内省の衰退や、凡庸な「知見」、専門用語の陰に隠れたイデオロギーに陥ることになり、権力からの誘惑に屈することになる。その結果を一言で表せば、妥当性の欠如である。世界と社会学は別々の歩みを続け、両者が出会うことは稀になる。

それゆえ、「社会学」から社会学を救い出す必要がある。このことはすでに一九五〇年代後半から認識されていた。よく知られるように、C・ライト・ミルズ〔米国の社会学者、一九一六～六二〕は社会学的想像力と社会学を区別し、後者の実践が必ずしも前者と結びつかないことを示した。ミルズは社会学的想像力に関する自らの主張を裏づけるために、人々との会話を開始しようとした。それは「個人的な問題」が「公的な問題」と密接に結びついていることを示すためだった。社会学的想像力は個人的なものを政治的なものに変える。ミルズが小説家やジャーナリストの仕事と社会学的想像力の実践を同列に並べたのは決して偶然ではない。ミルズにとって小説やジャーナリズムなどが働かせる社会学的想像力は、「精神の質」を発達させ、人々に自分たちの身に何が起こっているのか、自分が何を感じ何を熱望しているのかを理解させ、語らせるものだった。社会学的想像力を失った社会学が行うことは情報の提供だけであり、ミルズによれば、世界はすでに処理能力を超えるほどの情報を手にしている。この世界に欠けているのは情報ではなく物語であり、物語が少なすぎるのに加えて、自らの生活を広範な歴史的文脈の中に収めて理解しようとする力も欠けている。したがって、ミルズの言葉を借りれば、人々は罠にはまったと感じている。個人の生活や個々の物語がどう歴史的出来事や構造と密接につながっているかを示すことが、社会学的想像力の役割である。ミルズによると、人々に「その時代は自分の生活にとってどんな意味を持つのか理解させる」ことが社会学的想像力の任務であり、「その時代における人間の生活の質を向上させる」ことが社会学的想像力の願いである。(3)

したがって、社会学を実践する人々は社会学的想像力を働かせる必要がある。第一に、「時代」についての記述を始めなければならない。その記述は人々が活動するコンテクスト（文脈）の働きをする。それはオノレ・ド・バルザックの小説のように、登場人物の人生の中で圧倒的な存在感を示す場合もあれば、アントン・チェーホフの小説のように、もっと控えめな場合もある。しかし、それにもかかわらず、人々にその時代の意味を理解させ、航行可能にさせる社会学的想像力は、その時代のコンテクストの記述を求める。この記述の目的は理解のためのコンテクストを構成することであり、それゆえ、私たちは物語を増やす能力を備えなければならない。ある記述が本当にコンテクストの記述であるかどうか判断する物差しは、それが歴史的に生きられた経験とどの程度共鳴しているかである。この妥当性の基準は、量的なものでも情報的なものでもなく、物語的で経験的なものである。

第二に、社会学的想像力を働かすには人々の生活に目をこらす必要がある。この点で、時代についての記述は人々の生活に対するきめ細やかな観察と結びつかねばならない。この観察をうまく行う一つの方法は、人気のある文化的生産物を消費することである。それが人気のある理由は日常生活の経験を扱っていたり、その経験を補っていたりするためだ。情報の支配がこの世界における物語不足を促した可能性がある一方で、文化産業は生きられた経験を有り余るほどの物語で満たしてきた。市場で評判のいい物語は、一般に、また経験的にも、特定の不安や希望や願望に訴えかけているものであり、そうでなければ人気は得られない。社会学的想像力を働かせながら、これらの人気のある物語が、個人の生きられた経験にまつわる諸問題と、その時代の記述を結びつけていることに気づく必要がある。

時代についての記述を行ったり、生きられた経験に満ちた文化的な物語に注目しようとする際に陥りやすい罠が二つある。一つは、その記述が経験とかけ離れていて、生活の理解につながりそうもないことである。もう一つは、文化的な物語に注目しようとして社会学的想像力を働かせているうちに流行のレベルに堕してしまうことである。この二つの罠に陥ることで何が失われるかを確認することは可能であり、それを避けることは社会学的想像力を働かせる人々の責務となる。それらの人々は自らの作業を、時代についての記述と人々の生きられた経験の間の中心に位置づけなければならない。社会学的想像力を働かせるには、真理や独白ではなく、連携や対話や会話のための作業が必要である。このことは、障害物の後ろに隠れることを拒み、代わりに、その意味合いを社会的世界の中に取り込む作業につながる。そうしたことについて考え、それに挑発され、悩み、微笑みを浮かべるとき、人は自分がそうした作業に励んでいることを自覚することになる。認識の飛躍を経験した直後に、そうした認識が崩れたりすることで、人はそうした作業を経験していると実感する。そうした事柄や自分たちについて解釈を行い、自分についての何かを発見していく中で、人はそのことを自覚するのである。

こうしたことをすべて達成するならば、社会学は有益である。一見個人的なトラブルや問題に思えても、本当は、歴史的で公的なものに根差す問題を抱えている人々にとって、社会学は有益である。時代と経験を結びつける語りを提供するならば、社会学は有益である。逆に情報しか与えないならば社会学は無益であり、権力者に身を売ろうとするなら非常に危険である。社会学が人々の生活と自分を取巻く時代を結びつけるツールとして活用され、それに変更を加えることで後者にどんな影響が及ぶかを評価するツールとして用いられるなら、社会学は有益である。

ジグムント・バウマンが社会学的想像力を働かせることは有益である。それは本当に実を結んでいるだろうか。本書ははたして好評を得られるだろうか。こうした疑問に対する回答は今の段階では不明である。

ミカエル・ヴィード・ヤコブセン＆キース・レスター

（1） たとえば、Paul F. Lazarsfeld, William H. Sewell and Harold L. Wilensky (eds), *The Use of Sociology* (New York : Basic Books,1967)。を参照。

（2） Stanislav Andreski, *Social Sciences as Sorcery* (Harmondsworth : Penguin Books, 1974).

（3） C. Wright Mills, *The Sociological Imagination* (Harmondsworth : Penguin Books, 1970), pp.11 and 226.（初版は

一九五九年刊)、鈴木広訳『新装版 社会学的想像力』、紀伊國屋書店、一九九五。

# 第1章　社会学とは何か

**ヤコブセン&テスター（以下、J&T）**　あなたの社会学の軌跡を振り返ると、一九五〇年代から六〇年代にかけてポーランド社会学の影響を受けた後、イギリス社会学の影響下に入りましたね。振り返って考えると、この二つのインスピレーションの源泉はあなたの思考にどのような影響を与え、その形成に役立ったのでしょうか。

**バウマン（以下、B）**　お尋ねのように振り返っても、「インスピレーションの源泉」との遭遇やそれに伴う断絶はなかったと思います。ポーランドを離れる段階ですでに社会学の旅に出ており、イギリスに移ったからといって、その旅程に大きな狂いは生じませんでした。ポーランド語の世界を離れたことで、「ポーランド社会学」とは異なる空間に入ったと思われるかもしれませんが、それ自体に大きな意味はなかったのです。当時すでに社会学の「公用語」は英語であり、ポーランドの社会学者も他の国の研究者と同じ本を読んでいて、鉄のカーテンの向こう側の研究者と流行や関心を共有していました。おまけに、七〇年代前半のイギリス社会学は世界の最先端とはいえず、ワルシャワ大学からきた者にとって、とくに目新しい材料はありませんでした。当時イギリスで行われていた研究は、ポーランドから見ても時代遅れだったのです。イギリスの同僚たちが受けていた刺激（グラムシの発見、フランクフルト学派や「文化学」、解釈学、「構造機能主義」という壮大な理論、構造主義の偉大さなど）にしても、かなり前からポーランドの同僚たちと共有していたものでした。つまるところ、私のイギリスでの最初の一〇年は怒りと騒音に満ちた時代ではあっても、二、三の理由から（かなり前にキース・テスターにも打ち明けたように）、私の社会学にほとんど影響を及ぼさなかったのです。

## 人間の経験との会話の意味

J&T　あなたは常々、社会学を「人間の経験との会話」と定義されていますね。ここから二つ疑問が浮かんできます。まず、「人間の経験」とはどういう意味でしょうか。

B　英語の experience は、ドイツ語の Erfahrung〈経験〉と Erlebnis〈体験〉という二つの意味を含んでいます。この二つの異なる現象は人間と世界の境界面で生じるもので、ドイツ語ではそれを区別していますが、英語には一つの名詞しかないため、「experience」の一語でくくっているのです。ドイツ語の〈経験〉は私たちが世界と遭遇するとき、私に生じるものであり、〈体験〉はそうした遭遇の際に「私が味わい感じとる」もの、言い換えれば出来事を認識することと、それを吸収し理解しようとする努力が合体したものです。〈経験〉は客観性（個人を超えた、あるいは個人間の）があると主張しようとするのに対し、〈体験〉は明らかに主観的なものです。したがって、単純化すれば、両者は経験の客観的側面と主観的側面に相当すると思います。もう少し丁寧な言い方をすれば、行為者によって加工されていない経験と加工された経験の違いと言えるでしょう。前者が行為者の外側にある世界についての報告であるのに対し、後者は行為者の「内側」から生じ、私的な思考や印象、情動に関わるもので、行為者の報告という形で表出されます。前者の報告については、「事実」、すなわち個人間で検証可能な出来事にすることができますが、後者の報告内容については個人間で検証することができません――行為者によって報告されるものは、いわば究極の（そして唯一の）「物事の事実」です。したがって、Erfahrung〈経験〉と

Erlebnis〈体験〉の認識論的な立場は大きく異なり、社会学研究の実践、とりわけ、その知見の解釈の面で大きな混乱が生じる原因になっています。目撃した人間が提示した証拠の信頼性と妥当性は目撃した対象とともに変化し、そのことは、進行中の「社会学と人間の経験の対話」の参加者にも当てはまります。

J&T　第二に、その「人間の経験との会話」は何から構成されるのですか。社会学者はその会話にどのように関わり、どういう資格でそれに関わることができるのでしょうか。そして、なぜ社会学者以外の人々もそれを読むべきなのでしょうか。

B　すべての会話がそうであるように、社会学者はドクサ、すなわち常識や行為者の知識を携えて会話に加わります。会話はメッセージの伝達で始まり、それが刺激となって反応が起こり、それがさらに刺激になるという連鎖反応が生じます。メッセージが有効な刺激に変わる過程でメッセージの受容、さらには意味形成が行われ、そこには通常、(選択的な)解釈が伴います。社会学版の会話は Erfahrung〈経験〉と Erlebnis〈体験〉を突き合わせるもので、それによって、会話者の選択の範囲を狭め制限するのではなく、〈体験〉を相対化し広げようとするのです。

私が思うに、そのような形で進行する会話の重要な目的は、長期的にみると、「社会学者以外の人々」（あるいは「通常の生活を送る普通の人々」）の広範かつ一般的で習慣的なやりとりを中断させることであり、自らの行動を報告する際に、「のために」的な説明を避け、代わりに、「であるがゆえに」的な議論を動員することです。中断される習慣的なやりとりの背後には、（めったに反省の対象にならず疑問視されることもない）「ものごとはあるがままである」や「自然は自然である」などの暗黙の前提や、行為者が（単独であるいは集団で）変えられるものなどほとんどないという思い込みが潜んでいます。その行き着く先が議論によって左右されない惰性的な世界観です。その世界観は二つの信念が合体したものです。一つは物事の秩序や人間の性質や人事の状態は変わらないという信念であり、二つめは人間の弱さに対する無力感にも近い信念です。以上の二つの信念は「戦闘が始まる前の降伏」としか呼びようのない態度につながります。エチエンヌ・ド・ラ・ボエシ（モンテーニュの親友、一五三〇〜六三）に言わせれば、そうした態度は「自発的隷従」に他なりません。J・M・クッツェー（南アフリカ出身の作家、一九四〇〜）の『悪い年の日記』（二〇〇八）の中では、登場人物Cが「ラ・ボエシは誤解している」と反論した上で、ボエシによる四世紀前の観察で見落とされ、今日重要性を増していることを、次のように説明しています。「それに代わるものは穏やかな隷従でもなければ、隷従への反抗でもない。今日、多くの人々が選択しているのは第三の方法、つまり内的な移住ともいうべき、故意に曖昧で静観主義的な方法である」。人々は居場所を移すことで、日常の決まりごとに従い、変化させることを断念し、さらには行動しても無駄だと決め込んで、行動することを拒んでいるのです。

個人の自由と人間の集団としての可能性を広げようとする社会学版の会話は、そうした静観主義を支える世界観を疑問視しながら、(静観主義的態度を支える世界観の元になっている)欺瞞的で人を惑わせる、この世界の特徴を明らかにし解明する作業を進めます。Erfahrung〈経験〉とErlebnis〈体験〉を突き合わせるための方法が「相対化」であり、会話の最終的な目的と呼びうるものが、それらの相互作用を究明することです。

J&T　その実例をお示しいただけますか。

B　しばらく、クッツェーの「オルターエゴ(別人格)」の話題に戻らせて下さい。深く根づいてしまっている世界観についての彼の説明はポイントを突いています。

経済活動は競技や競争に他ならない、という考え方はいささか曖昧である。競争にしてはゴールが見えないので、決着がつきそうもないからだ。その競争に参加するランナーの目標は最前列に出てそこにとどまることである。しかし、なぜ人間の人生や国民経済を、仲間同士の並走ではなく、競争にたとえなければならないのか、その理由が問われることはない。とにかく競技であり、競争というわけだ。生来、われわれは国家に帰属しており、他国と競争しているとされる。われわれは自然が命じるままにしているとされるのだ。

クッツェーはさらに、次のように続けています。「しかし、実際には避けられない戦争など存在しない。戦争を欲すれば戦争を選ぶことができるし、平和を欲すれば平和を選ぶこともできる。競争を欲して競争を選ぶ代わりに、友好的な協力の道も歩むことも可能なのだ」と。

クッツェーは簡潔明快に、次のように指摘しています。

市場を作ったのが神でないのは確かである。神でもなければ歴史の精霊でもない。人間がそれを作ったのならば、それを作り直して、もっと穏やかなものにできるのではないか。なぜこの世界は、互いに協力し合うアリやハチの世界ではなく、殺すか殺されるかの剣闘士の世界でなければならないのか。

これこそ、あなた方がおっしゃった「社会学者以外の人々も社会学書を読むべき」決定的理由だと思います。

J&T　そういう考えは、社会学に政治的な力を与えるものです。社会学と政治の間にはどんな関係があるのでしょうか。

B　好むと好まざるとにかかわらず、社会学は政治と深く関わっています。そして今日のような利害対立や政治的対立の激しい社会では党派性が強くなる傾向があります。結局、テーマは Erfahrung〈経験〉と Erlebnis〈体験〉の関係です。〈体験〉は本来党派的であり、

〈経験〉の欺瞞に満ちた「客観性」を解体する作業にしても同様です。

社会学を一種の政治活動にするものは、それが制度化された政治に代わる独自の権威の源泉や正当性を提供するという事実に由来します。しかし、この多義的で中心のない社会において既成の政治勢力との争いに加わることは、唯一の代替案でもなければ、唯一の権威の源泉でもありません。国家が運営する政治や、国家に由来し国家が承認する政治が長らく権力を独占した後に、慢性的な権力不足が生じており、こうした傾向は今や生活の各領域や社会全体に広がっています（アンソニー・ギデンズの「生活政治」という言葉を想い起こして下さい。それが、かつての制度化され、国家中心で国家志向の政治によって守られていた数多くの機能に取って換わるか、その負担を背負うようになっています）。

J&T　社会学は倫理的な実践なのでしょうか。もしそうだとすれば、どういう意味でそうなのでしょうか。

B　「政治的な」場面では社会学は倫理的であらざるをえません（「倫理的な実践」という言葉は私に言わせれば同語反復です。そもそも倫理は実践であり、道徳的な行動の原則を明らかにしたり、説いたり、促したり、課したりするものだからです）。道徳性とは他者に対する責任の問題であり、そうした責任を引き受ける最大の理由は人間の相互依存という事実であり、これこそ社会学が追求し、鮮明にし、常に力説する条件なのです。社会学書の読者が参考にすべき教訓が一つあるとすれば、それは他の人々の行動や不作為と自らの条件や見通しとの関連性、そして自らの行動や不作為と他の人々の条件や見通しとの関連性です。言い換えれば、互いの条件や見通しに対して私たち全員が（自覚していようがいまいが）引き受ける責任です。ただし、その責任は、明確で疑問の余地のないものかどうかを問わず、逃れられる可能性があると同時に、背負わされる可能性も高いことは明記しておきましょう。あえて言うなら、社会学者は自らの仕事を適切にこなしながら、（その成果はともかくとして）、道徳的な認識が育つ土壌を準備しなければならず、そのことによって、道徳的な態度や他人に対する責任を引き受ける機会が増える可能性があります。しかし、ここまでは比較的容易です。ここから道徳的な世界に向かう道は長く曲がりくねっていて罠だらけです。その道を見つけて地図に書き込むのが社会学者の仕事です。

J&T　社会学が提供する会話は、文学や芸術、映画などの会話とどう違うのでしょうか。

B　あなたが列挙された文学や芸術、映画などの会話は（われわれ三人はそのリストについて合意しているので、その数をもっと増やせるかもしれません）、それぞれ補足的で高めあうものです。決して競争しあうものではなく（少なくとも、事前に計画された競争や避けられない競争などありません）、角突き合わすものでも目的を異にするものでもありません。また内容の如何にかかわらず、追求する目的はすべて同じです。それらの会話は「同じ仕事に属するもの」と言えるでしょう。

それらの会話は意識的かつ自発的に同じ役割を担っているにもかかわらず、互いに不信感を持ちながら競争しあっているのではないかと思われることもあります。なぜなら、基盤が不安定で、道標が当てにならず、アイデンティティの液状化が進むこの時代にあって、競争は非常に一般的な現象であり、（威信の「向上」を目指したり、助成金をもらうために）「人を出し抜く」などと呼ばれているからです。しかし、その競争はあくまで異なる専門職業同士の競合関係、つまり同業者組合（ギルド）間の競合関係であって、同業の職人や職業人同士の競争ではありません（同業者組合間の利害対立が誤って、同業の職人同士の対立と表現されてしまっているようです）。偉大な人類学者のフレデリック・バースが教えてくれたように、違いがあるから境界線が引かれるのではなく、その逆です。つまり、違いは常に求められ、発見され、解釈され、熱心に記録されるのです。というのも、いったん境界線が引かれると、それを強化し正当化しなければならなくなるからです。『日記』の中のクッツェーの次の言葉を想い起こしてみましょう。それは、ルネ・ジラールの相争う双子のたとえ話からインスピレーションを得た「二つの集団の間の根本的な違いが少なくなればなるほど、互いの敵対心は強くなる」というものです。

他の同業者組合との競合関係は同業者組合本来の性格に根ざすものであり、それが同業者組合を組織し強化する本来の理由です。しかし、同業者組合が生産したものを購入し使用する側から見ると、それらは少しも対立しあうものではありません。繰り返しになりますが、それらは補足し高めあうものです。幸いなことに、会話という作業に携わる人々はそのことを理解し評価するようになっており、その制度的な境界線の安全性や市場価値に自信が持てなくなっているアカデミズムの壁の中で、「学際化」が流行語になっています。新たな「学際的研究者」が自らの同業者組合を避難所にしてしまわないことを願いましょう。

## 社会学と文学

J&T　あなたはよく社会学の役割と文学の役割を結びつけていますね。それに加えて、二〇世紀の偉大な小説家たちと社会学との知的な類似点を指摘されています。小説や文学がどう社会学を豊かにし、その評価を高めるのか、ご説明いただけますか。

B　ミラン・クンデラ〔チェコ生まれのフランスの作家、一九二九〜〕は『カーテン――7部構成の小説論』の中で、ミゲル・ド・セルバンテス〔スペインの小説家、一五四七〜一六一六〕について次のように語っています。「伝説で編まれた魔法のカーテンが、世界の前に吊り下ろされていた。セルバンテスはドン・キホーテを旅に遣り、そのカーテンを引き裂いた。世界は散文という完全に剥き出しの喜劇性という形で、この遍歴の騎士の前に開示された」〔西永良成訳を一部修正、以下も同様〕と。クンデラは、その「予断」というカーテンを引き裂いたことが近代芸術の誕生の瞬間だったと指摘しています。近代芸術が繰り返し行ってきたのは、そうした破壊的な行動でした。そうした行動は恒久的なものでなければならず、そうあらざるを得ません。伝説とみなされ信用をなくした魔法のカーテンの穴は、すぐ縫い合わされて裂け目が糊付けされ、新たな物語で塞がれてしまうからです。カーテンの引き裂きは、クンデラの著書で何度も繰り返され、小説の歴史と役割を解釈するカギとなるものです。彼の書はそのためのものなのです。クンデラは、ヘンリー・フィールディング〔イギリスの小説家、一七〇七〜五四〕のことを「私たちの瞑想の対象となるすべてのものの迅速かつ本質的で的確な洞察」を行う（ようするに、私たちが本質を追求するのを阻んでいるカーテンを引き裂く）ために、「創発者」の役割を求めていると賞賛しています。クンデラはまた、一九三二年にチェコで刊行された『内燃モンスター *The Internal-Combustion Monster*』（この題名は機械的に生み出される騒音を指しており、それを著者のヨーンは近代の地獄で活動する悪魔としています）の著者、ヤロミール・ヨーンのことを、「予断というカーテンの上に刺繍された真実を転写しただけでなく」、「そのカーテンを引き裂くという、セルバンテスのような勇気を持っていた」と褒めています。

クンデラの「話題の妥当性」をご存知の方なら意外ではないでしょうが、彼は小説家の「破壊的な行動」にスポットを当てています。しかし、「魔法のカーテン」のイメージとそれを引き裂く行動は、社会学に携わる人々についての描写としても適切だと思います。それは再解釈という終わりのない作業を開始するために「予断というカーテン」を突き通して、「その散文の喜劇的であからさまな」世界、人間が作ると同時に人間を作っているこの世界を開いて綿密に調査し、暗闇の中に押し込められていた人間の新たな可能性を引き出すことです。そうすることで、事実上、人間の自由の幅を広げ、そうしたすべての努力を自由な人間性を構成する行為として、後から明らかにするのです。社会学はそうした作業を行うか行えないかで評価されると私は信じています。

もちろん、小説を書くことと社会学書を執筆することは違います。それぞれの活動には独自の技法や実施方法、適切さの基準があり、その点で違いがあります。しかし、文学と社会学はきょうだいだと思います。両者の関係は競合関係と相互支援が混じり合ったものです。両親も同じで、互いに準拠点として比較の対象にしていることは否定できず、自らの人生の目標が叶ったか否かを測る尺度でもあります。

きょうだいがお互いの違いを執拗なほど詳しく調べるのは自然なことです（無益なことですが）。とくに、その類似性があまりにも明らかで見過ごすことができず、あまりにも近すぎて落ち着かないとそういう結果になります。結局、きょうだいはともに、「カーテンを突き通す」という同じ目標を目指しているのです。そして、両者は「客観的にも」競合状態にあります。しかし、（両者が関わる）人間解放の作業は決してゼロサムゲームではありません。

J&T　最後の回答から、なぜあなたが、文学とフィクションは（タルコット・パーソンズの社会学よりも）、ご自身の社会学的想像力の形成に役立ったと語っているかが分かります。あなたはとくにオノレ・ド・バルザック、エミール・ゾラ、マックス・フリッシュ（一九一一〜九一）、サミュエル・ベケットらの仕事に言及されていますね。無人島に置き去りにされたとき持っていたい本は、小説（ロバート・ムジルとジョルジュ・ペレック（一九三六〜八二）、ホルヘ・ルイス・ボルヘスの）だとも語っています。社会学書はそこに入らないのでしょうか。それらの作家や小説家はなぜそれほど、社会学者になろうとしていたあなたを魅了したのでしょう。それらの作品は、あなたが今社会学について語ったり、実践したりする方法にどんな影響を与えているのでしょうか。

B　試験管の中で生まれ育った人造人間の怪しげで小生意気な「知識」ではなく、「人生の本当の」真実を求めようとするなら、フランツ・カフカやロバート・ムジル、ホルヘ・

ルイス・ボルヘス、ジョルジュ・ペレック、ミシェル・ウエルベックらから選ぶしかありません。もしも世界内存在としての自らのあり方の真実を見つけたいという衝動や、発掘されておらず、見過ごされ、無視され、目に入らないオルタナティヴな選択肢について知りたい（私はこれこそ社会学をやりがいのある仕事にするものだと考えています）という衝動（意識的か否かを問わず）を抱えている読者と協力したいのなら、読者がその経験を言葉にするために用いている言語でメッセージにし、その経験と関連のある問題に焦点を当てて、彼らに届ける必要があります。そうした作業がうまくいかなければ、それに代わるものは一つしかありません。それは、管理される側の人間性を奪って従順にさせようとする経営者の手助けをすることです。それが不正に加担する気乗りしない仕事であるのは明らかです。

こうした問題について、ポール・ラザースフェルドやタルコット・パーソンズ、バーニー・グレイザーやアンセルム・ストラウスらからアドバイスを得るよりも、私が列挙した作家たちから助言をもらった方がいい理由がもう一つあります。それは、統計を後ろ盾にした人造人間を現在の社会学の呼び物にすることによって、人間を複雑な全体の中で理解する能力が失われてしまい（代わりにそれをスペアのパーツの集合と表現してしまう）、社会的プロセスの弁証法とダイナミクスを理解できなくなる（それを今話題の権力の圧力の連鎖と表現することができなくなる）ことです。

J&T　フィクションに訴えることは確かに、多くの社会思想家や知識人にとって、現実世界の「どこかで」起こっていることを考え分析するための重要なインスピレーションの源泉かもしれません。フィクションは、社会学を実践する際の疑問の投げかけ方や、文章の書き方、現象やテーマの分析の仕方、読者とのコミュニケーションの方法、自分たちのことを職人とみなすかそれ以外の存在とみなすかにとくに重要な役目を果たすとお考えなのでしょうか。フィクションが社会学者の専門的な作業に（単なる個人の気晴らしではなく）重要だとすれば、どういう意味で重要なのでしょうか。

B　彼らがそれを好む好まないは別にして、「科学的な」記述と「フィクションの」記述は（名称を選ぶ段階ですでに偏見が混じっていて、一つの回答が用意されているため、論理学の立場から、*petitio principii*（前提の段階で結論を仮定する論理的な誤り）、あるいは説明のために説明を必要とする誤りと非難されていることはご存知でしょう）、互いに人間の経験という同じ土俵の上で出会い向き合っています。社会学的な言説は世界中どこでも英語で交わされていますが、残念ながら、その英語は、他の多くの言語と違って、二つの異なる、重なり合うことのない現象を一つの言葉に収めてしまっています。その点については、ドイツ語のErfahrung〈経験〉（「私に起こっていること」を意味し、出来事の「客観的な」側面を指す）とErlebnis〈体験〉（出来事や困難な状況の精神的・感情的影響を意味する――完全に「客観化」に屈することはなく、完全に明かされることのない主観的な側面）の例でお示ししたとおりです。社会学の共通言語である英語にそうした区別がないことが、「現実」を単なる研究対象に還元してしまう結果につながっています。つまり、人間の現実となったもの、「生きられた」現実、さらには、もっと丁寧に扱うべきものがErfahrung〈経験〉に還元されてしまい、それによって、その表現が歪められるとはいわないまでも、その理解が貧しいものになり、損なわれてしまうのです。少なくとも、小説家の仕事に対する敬意があれば、社会学者が抱えるそうした問題の予防に役立ったり、警戒心を抱いたりするのかもしれません。

J&T　文学の話題を続けましょう。イタロ・カルヴィーノ〔イタリアの作家、一九二三〜八五〕は『文学の活用 *The Use of Literature*』の中で、フィクションの中には異なる「レベルの現実」が存在し、それによってフィクションは完全なフィクションではなくなり、そういう意味での「真実」と現実の一致がフィクションを書くという仕事にはみられるとしています。トーベン・ベルク・ソレンセン〔デンマークの社会科学者〕は、古典文学（たとえば、フランツ・カフカやフョードル・ドフトエフスキー、デンマークの作家たちの作品）を綿密に検証して、市民と法制度の遭遇についての理解や分析方法を得るヒントや手がかりを求めた結果、「ある小説を詳細に説明できるようにするべきというのは無意味である……文学は必ずしも「本当に信用できる」知識（客観的で確認可能な現実の外部のさまざまな側面についての正しい詳細な記述という意味）を生み出すものではない。むしろ、文学はさらに踏み込んで、ある行動の流れを本当であるかのように見せながら、行動している人物の行動を内側から追えるようにする……。文学は挑発的な知識、つまりは既存の思考の枠組みに合わない有意義な知識を生み出すものである。それは問題を提起したり、存在しているものに対して本当にそうなのか、そうあらざるをえないのかと問いかける」と結論づけています。明らかにフィクションは「真実」ではありませんし、そうだと主張したりそう偽ったりすることもありません。しかし、あなたがお考えのように、フィクションに何らかの「真実」はあるのでしょうか。

B　トーベン・ベルク・ソレンセンの仕事について私が知っていること（そしてあなた方から教えてもらったもの）から判断すると、彼と私の見解はまったく一緒だと思います。しかし、もう一歩踏み込んで考えると、「真実」の意味論的な場と「真実の探究」、真実らしさと立証可能性、さらには「真実対非真実」といった問題は、科学と文学の愛憎半ばする共生について考える上では不適当だと思います。それよりも一神教対多神教（唯一の真実対複数の真実）という意味論的な場の方がはるかに適切でふさわしいと思います。あるいは固定対弛緩や、「甲冑をきつく締める」対「甲冑をわざと緩めて使用不能にする」、さらには、ミラン・クンデラにならって、「カーテンを縫って現実の前に吊るす」対「それを引き裂く」、などの表現の方が適切ではないでしょうか。

もちろん、文学の中に「真実」はありますが、それはあくまでも文学の真実です。同じように科学の真実も存在しますが、それもあくまで科学の真実です。いずれのケースでも、私たちが語っている真実は、所定の手続きや規則に忠実に従った上で、その真実の価値を主張しているのです。それらは同じ真実探究リーグに所属して得点を重ねているというよりは、別のリーグでプレーしながら別の優勝杯を目指しているのです。最終的に一つの選択を決定しているものは、社会学という仕事に対する当人の理解であって、同じ競技場で同じレースに参加するライバルや競争相手に対する優越性を示したいわけではありません。

## 科学と芸術

J&T　次の質問の方向を決めるために、ある質問から始めることにします。少なくとも一世紀かそれ以上にわたって、「科学対芸術」をめぐる激論が交わされ、いずれの側も勝利を収めずに終わりました（「科学」の側が優勢だという意見が多かったのですが）。そうした「論争」や議論が引き起こした適切とはいえ当惑させるような問題について考えてみましょう。たとえば、科学は芸術よりもよいのか、それとも逆なのか。科学によるこの世界についての説明の方が正確で信頼がおけるのか、それとも逆なのか。社会にとって科学は芸術よりも重要か、それとも逆か。科学は芸術よりも多くの資金提供を受けるべきか、それとも逆かなどです。私たち社会学者はそうした議論に加わって回答を出すべきだとお考えでしょうか。それは結局、中央付近に（居心地悪く）座ろうとして、不可能なことを企てようとする結果に終るのでしょうか。

Ｂ（少し視点を変えて）真実を予測すると主張しながら、根拠のない自己確認や自己否認に終わっていたことが証明された例をご紹介します。最近のヴェネツィア・ビエンナーレで、アルトゥル・ジミェフスキ〔ポーランドの芸術家でアニメ作家〕は、人々を無作為に囚人と看守に分けたフィリップ・ジンバルドーの有名な実験を再現しました。ジンバルドーが行った実験では、「看守」が拷問や殺人を開始する一方で、「囚人」が「犠牲者」の役を担わされそうになるという恐ろしい結果になったため、数日で打ち切らざるをえませんでした。ところが、ジミェフスキの再現実験ではそれとは正反対の結果が出ました（「望ましい」結果で、歓迎されました）。両方の側が相互理解と寛容、連帯の精神を発揮して、妥協に努め協力しあったのです。

この文脈で思い出されるのが、当時は大きな衝撃を与えたものの、今では忘れられている、「人間関係の理論」です。この理論は一九二〇年代から三〇年代にかけてエルトン・メイヨーがシカゴ近郊のウエスタンエレクトリック社のホーソン工場で行った研究を下敷きにしたものです。メイヨーは、労働者の規律を高め服従させるために用いていた公認の強制的な方法を一つずつ止めて、効率を高めようとしました。その結果、一般の予測とは逆に、労働者の作業効率は著しく高まり、上昇を続けたのです。当時の常識からすれば、これは非常に不可解な結果でした（公認の方式は、工業的な処罰の枠組みを基礎にした方法で、フレデリック・テイラーの時間と動作の測定や、ヘンリー・フォードのベルトコンベア方式を下敷きにしていました）。

以上の二つのケースで、知識人らが示した驚きと戸惑いは、彼らの「デカルトの誤謬」（調査する側とされる側（主客）の明確な分割という暗黙の前提）の副作用ともいうべきものでした。そうした暗黙の前提が崩れ去ったのは、ジミェフスキとメイヨーの実験の「被験者」が、その実験に公的な意義があることを知らされ、自分が実験の協力者であることを自覚して、その役割を積極的に果たそうとしたときでした。

他の例も示す必要があるでしょうか。ないと思います。以上の二つの例がことの本質を突いているからです。「ことの本質」とはようするに、次のようなものです。科学という規範の手を借りて生み出される真実は、デカルトによる主客の二項対立を実際に、あるいは想定上応用した結果に基づいています。言い換えれば、それはその二項対立が有効である場合に限って有効なのです。したがって、対象である人間からその主体性を剥ぎ取れば、「人間科学」にも応用できるかもしれません――アウシュヴィッツやグーラグのような、人間からそれを剥ぎ取ろうとするもっとも極端な試みでも、そんなことは不可能でしたが。

自然科学と社会科学の真実の間に立ちはだかる、しぶとくて一筋縄ではいかない不動の要素こそ、人間の主体性なのです――そして、それに付随するのが、調査する側と調査される側の、存在論的で認識論的な対立ではなく、同一性なのです。

芸術は科学（その「社会」版も含めて）とは違って、「現実生活」の中で対象の真実を把握しようとする試みであって、「理想的な実験」によって人為的に単純化され、「浄化され」「衛生化された」条件下で把握しようとするものではありません。そして非常に重要なことは、対象を主体として扱わざるをえないがゆえに、自らの立場とその対象の立場を同一であると想定することです。それは、少なくとも中性子や白血球や地層などと違って、彼らの「対象」が選択を行う生き物であり、そして、社会科学者がものごとを設定する方法が彼らの選択の中の要素であるという事実に由来します。こうした環境だけですでに、自然科学の権威と威信を身につけようとする社会科学の夢に対する大きな制約となっていいます。少なくとも、彼らが自然・科学の例に注目する一方で、作家や芸術家にそっぽを向いている限り……社会科学の地位が「自然」科学の地位に「成熟する」という夢は無意味であり、ばかげています。というのも、それは社会科学という仕事にとっての自殺行為であるからです。

J&T　あなたのお仕事はよく一種の「批判的社会理論」とみなされることがあります。あなたがそうした分類について議論しないことは承知しているので、そうみなされることについてどう考えるか尋ねるつもりはありません。しかし、マックス・ホルクハイマー〔フランクフルト学派の哲学者・社会学者、一八九五〜一九七三〕はかつて、批判的社会理論は「神学をお払い箱にしてしまったが、それが指し示すことのできる新たな天国もなければ、俗界すら存在しない」と主張したことがあります。そうなると、私たちに今必要なのは批判的社会理論でしょうか。それとも新たな神学でしょうか。

B　社会的現実の認識についてデリダ的な脱構築を行い、〔リチャード・ローティが規定する〕継続的に「運動の政治」に関わっている限り、社会学は批判的な活動であり、社会学がその活動を「理論」にまとめるかどうかは別問題です。社会学的な批判が神学に感化された批判とまったく異なる点は、あらかじめ仮定され、設計され、事前に予測される究極の目的（事前に設定された「よき社会」のモデルに沿って、「神の王国」が、その世俗版である人間の王国に席を譲る）が存在しないことです。社会学的な批判（永久に終わることがなく、フロイトの精神分析と同じように、原則として終わりがない）が「よき社会」と考えるもののただ一つの特徴は、そこに埋め込まれた永続的な自己批判です。すなわち、現在のどの形態も十分なものではなく、さらなる改良が必要であるという認識です。「究極の目標へと向かう運動の政治」（あるいはローティの「運動の政治」）が改善項目を減らし、想定される行動の範囲を限定しようとしても、「運動の政治」戦略が訴えようとする批判は、そのような削減や限定は不本意だと考え、その妥当性を疑うことでしょう。

絶えず解釈を求めざるをえないリキッド・モダンの生活にとって重要なのは、「私たちに必要なのは批判的社会理論か」ではないと、私は考えています。つまり、現実についての継続的な批判以外の何物でもないそうした生活は、絶えず自発的にまた全面的に、自らを問い続けます。そうした生活に対する反省はすべてそこから始まり、終わることがありません。私が思うに、あなた方が指摘された点はなかなか面白いですが、決定的な回答を遠ざけてしまいます。中心的な争点、さらには本当に重要な問題は、私たちが「新たな神学」を必要としているかどうかではなく、私たちが確実に批判的な生活を営めるかどうかです。そして、見通しは暗くても、どう私たちのリキッド・モダンの経験と結びつけて、そうした生活を営もうとするかです。

J&T　神学に関する話題を続けましょう。社会学はトラブルや問題を追求し、さまざまな方法で、なぜ人々は苦しむのか、なぜその苦しみの原因が社会にあるとされるのか、説明しようとする学問分野だと思います。この主張が正しいとすれば、社会学は事実上、世俗的な神義論〔神が善であるなら、なぜこの世に悪が存在するのかを論じる議論〕を目指しているのではないでしょうか。

B　なぜ、神義論なのでしょう。なぜ、ゴットフリート・ライプニッツ〔ドイツの哲学者、一六四六〜一七一六〕の、理屈は間違っていないのにいたるところで嘲笑の的になっている方法（全能で慈愛に満ちた神と、あまりにも明白な悪の偏在という両立しがたいものを両立させようとする方法）に注目するのですか。「神義論」は、われわれの世界は、欠点も含めて、「可能世界」の中で最良であると想定します。悪の偏在と神の愛（アガペー）の間の矛盾が人間の無知と無理解に根差しているのは明らかである、とライプニッツは印象的に指摘しています。全能で慈愛に満ちた神が支配するとされるこの世界に悪が存在することは、この完璧な世界にとってそれが必要であるからに他ならないと（そうではありませんか）。そして、人間の心の弱さを非難することができるのは、人間が神の壮大な企てを支持することができず、その論理を理解できないという理由に限ってだというわけです。

こうしたライプニッツのメッセージを解きほぐし、それを支える論法を詳しく説明したヴォルテールは、「形而上神学宇宙論の教師」でサンダー・テン・トロンク男爵の邸宅の「哲人」、さらに、英国首相マーガレット・サッチャーの信念であった「他に選択肢はない（ＴＩＮＡ）」の先駆者ともいえるパングロスなる人物に、神学のエッセンスを次のように語らせています。「原因があるから結果があること、そして、とりわけこの可能世界の中で、男爵の城はもっとも壮大であり、その夫人はすべての男爵夫人の中でも最良であることを見事に証明した」と。そして、「次のことは明白である」とも述べています。

物事は今のような姿でしかありえない。すべての被造物は一つの目的のために存在し、すべてはその最良の目的のために存在するからだ。鼻が眼鏡を支える形をしているがゆえに、眼鏡は存在する。足が靴下の形をしているがゆえに、靴下は存在する。石が刻まれて城の建設に用いられるがゆえに、わが領主は壮大な城を持っている。この地方でもっとも偉大な男爵は最良の場所に住むべきだからだ。

こうした屁理屈のことはさておいて、社会学は神義論には断固反対の立場です。「それは常に神義論に対する非宗教的な反論を通じて再構成される」と言えるでしょう。その数少ない例外がソ連による「史的唯物論」の解釈（あるいは、ヘルベルト・マルクーゼ〔一八九八〜一九七九〕が軽蔑を込めて呼んだ「ソビエト・マルクス主義」）と、タルコット・パーソンズの怪物じみたグランドセオリー（誇大理論）であり、ともに当然のように短命に終わり、今では歴史のゴミ箱の中に収まっています。

社会学は、（何度も繰り返すように、好む好まないにかかわらず、故意もしくは無意識に）物事や行為や傾向、プロセスの「必然性」や「自然な事柄」に対する一般の信念の基盤を掘り崩します。また、それらの成り立ちと持続性を支えてきた非合理性を暴きます。社会学は規則や規範なるものが偶然の産物であること、唯一の可能性（他のすべてを犠牲にして選ばれたもの）の周りに代替的な選択肢がたくさんあることを明かします。ようするに、社会学のやり方は、ミラン・クンデラの表現を借りれば、表面を覆うことによって現実を見えなくさせている「カーテンを引き裂く」ことです。

もちろん、テオドール・アドルノ〔ドイツの哲学者、社会学者、一九〇三〜六九〕が常々警告していたように、社会学理論が簡潔な記述（科学的な完璧さの基準の一つ）を目指そうとすると、社会的現実の中に実際よりもはるかに多くの「合理性」を見出してしまう危険性があります。そして、「世界の合理性」が、近代版（世俗版）の神学であることは銘記しておきましょう。そこには明らかに危険が潜んでおり、その誘惑には抗しがたいものがあり、おまけに、その学問の論理の中にそれを飲み込ませようとする誘惑が組み込まれているのです――ただし、反神学的なスタンスが無条件に正しいのかどうか、まだ決着がついていない状況ですが（「これしか選択肢はない」というスタンスへの資格を持ちたがる社会学者を見つけ、生み出し、買収するのは、権力者にとってたやすいことです）。こうした危険性を心に留める必要があり、誘惑には抵抗する必要があります。しかし、常に中心が複数で流動的なリキッド・モダンの状況下にあって、社会学研究の性格（そしてその社会的影響）を転換させたり損ねたりする誘惑に乗りそうな確率は「ソリッド・モダン」のころよりも低くなったと思います。

J&T　この最後の点について、社会学は例外的な立場にあるのかもしれません。社会学は常に危機の状態にある学問です。つまり、常に自らを擁護し正当化しなければならず、自らの存在理由を問い続けざるをえない学問なのです。その結果、半世紀以上も前に、経済学者のフリッツ・マッハルプ〔一九〇二～八三〕は、多くの社会学者が自らをより成熟していて模範的な自然科学と比べたときの感情を「劣等感」と呼びました。社会学はいまだにこの劣等感に悩まされているとお考えでしょうか。

B　フリッツ・マッハルプと同じく、私は「半世紀以上も前に」社会学に出会いましたが、率直に言って、劣等感を感じる理由は当時もそれ以降もありません。すべては、どのリーグに所属させるかを決める基準と、自分がプレーしていると考えるリーグによると思います。マッハルプは知識をお金を稼ぐ道具と考えたことで知られており、「劣等感」について語った際も、基金や奨励金、就職先を確保するために競わざるを得ない社会学者の劣等意識のことが念頭にあったのだと思います。私のこの推理が正しければ、それを表す言葉としては「相対的剥奪感」の方が適切だったのではないでしょうか。しかし、あなたがお尋ねになっているのは、社会学の豊かさへの道がよく言われる（修復できそうもないほど）デコボコだということではありませんね。

社会学の三人の「創設者」がこの新興の学問に対して抱いた意欲はさまざまであり、それを叶えるために思い描いた旅程も異なっていました。その一方で、社会学を「ソロモンの館」〔フランシス・ベーコンが構想した、人間社会の事柄を集合的に管理する、近代の知の避難所であり倉庫〕の正統な居住者リストに加えるという目標について、三人の意見は一致していました。意見が分かれたのは、その居住者リストへの掲載要求をどう正当化するという点です。エミール・デュルケーム〔一八五八～一九一七〕は、社会学者が調査の対象とする現実は、もっとも科学的とされる学問が考える現実の基準に合致していると断言しました。したがって、社会学が他の科学と同じくらい申し分ない知識と資質を備えていることを疑う理由はありません。マックス・ヴェーバー〔一八六四～一九二〇〕は社会学が調査しようとする現実が特異であることは認めたものの、その特異性も、人間以外の（「客観的な」）現実を対象とする調査と同じくらい正確な調査を行う妨げにならないことを証明しようとしました。ゲオルク・ジンメル〔一八五八〜一九一八〕はどちらかの立場を明確に支持することは避け、「二次的な解釈学」あるいは「二級の解釈学」（すでに解釈済みのものの再解釈や、普遍的であるものの解釈、そして人間の生きられた世界を満たす対象を構築する唯一の方法）という形で、「常識」との対話を続けました。解釈は（一次的・二次的を問わず）常に生成の状態にあり、したがって、その知見もつかのまの居住以上の確固たる地位を主張することはできず、「恒常的な危機の状態」こそが社会学の自然な生息地だというわけです。それは、「劣等感」の理由を提供する代わりに、それが自ら設定する仕事に対する社会学的な実践の適切さを裏づけるものでした。

善かれあしかれ、私はジンメルの支持者だと思います。私たちの仕事は、アカデミズムの内部で行われているか、行われることを目指している他の仕事と比べて、経験的にも実践的にも劣っていないと信じています。他のあらゆる同種の仕事と同じく、私たちの仕事もうまくいったり、いかなかったりすることがあります。しかし、いずれにせよ、社会学にだけ当てはまる基準によって測られる必要があります。

J&T　引き続きこの軌道をたどりながら、「科学」対「芸術」の話題に戻って、社会学という学問分野と社会理論に与える社会学のインパクトに注目してみましょう。さて、社会構築主義や脱構築主義、ポストモダニズムの到来、社会理論内の「ナラティヴ」や「修辞」、「文学」への転回、社会学の内部でリアリズムや実証主義、自然科学の恩恵が失われるにつれて、「社会科学」の「科学」の部分がしだいに薄まるか、劣化しており、この学問にとって損失になりつつあると、多くの人々が指摘しています。この点についてはどうお考えでしょうか。

B　これまでの議論から私の回答は容易にお分かりかと思います。「社会科学」の「科学」の部分は薄まってもいなければ、劣化してもいないと思います。そして非常に重要なことは、これまで起こったことが（起こっていて、起こらなければいけないことが）、この学問にとって、さらには将来この学問を志す人々にとって「損失」でないことです。そういうことが現実に起こっているとしても、それはむしろ、社会学研究が「健全な判断力を持つようになり」、社会学が責任を持って約束でき、提供できるサービスの種類と内容に対する公衆のニーズを真摯に受け止めている兆候であり、その印と言えるでしょう。

社会学も人間を取巻く条件の劣悪化に伴って悪化するかもしれません。しかし、私が考える社会学の目的は、その悪化を阻むことです。

J&T　過去二、三〇年間、なかでも一九九〇年代に、社会学者はミクロとマクロ、主体と客体、個人と構造をどう結びつけるかという課題に取り組みました。ピエール・ブルデューやアンソニー・ギデンズなど優れた社会学者のことを想い起こしてみましょう。ここから思い浮かぶのは、C・ライト・ミルズがその名著『社会学的想像力』（一九五九）の中で「個人的な問題」と「社会的な問題」、「自伝」と「構造」や「歴史」を結びつけようとしたことです。あなたは、個人と社会構造のどちらを優先すべきかをめぐる議論には加わろうとしませんでしたね。ご自分の仕事を振り返って、ご自分とご自分の社会学の構想をどう位置づけますか。

B　ミクロとマクロの愛憎関係は社会学の歴史と同じくらい古いと思います（そう見えないように装っていても）。また、ハーバート・スペンサー（イギリスの社会学者、一八二〇〜一九〇三）による最初の明確な方法論や政治的発言より古いことも確かです。社会学研究にそれが広まっていて排除できないことは見過ごせても、その議論を逃れることはできません。

社会学の歴史は、両者の対立関係を解消し、完全にとは言わないまでも、より明快なものにする果てしない取り組みと言えるでしょう。

和解できないものを和解させ、分割できないものを分割させようとする欲望に駆り立てられていることは私も心に留めています。かなり早い段階で、私は人間の条件につきものの二律背反や、ダブルバインド、「運命」と「個性」の間の（私が「生活の技法」と呼ぶ）相互作用を受け入れました。そして私は、ミルズが明らかにした「社会学的な解釈学」を実践しながら「個人の伝記」と「歴史」を一致させることこそ社会学者の仕事だと考えようとしたのです。それは言い換えれば、人間の行為を、状況が課す（「客観的な」）挑戦と人間の（「主観的な」）生活戦略の間の継続的な相互作用と交換として読み解くことであり、それはようするに「人間は歴史を作るが、自らが選んだ条件の下で作るのではない」（それらの条件は彼らの歴史形成の予期せぬ堆積物や副産物である追加条項と結びついている）というマルクスの言葉をいわば修正したものです。さて、私がここで語ろうとしていることは、賢者の石を得ようとして失敗した錬金術師と同じくらい多くの社会学者が熱心に追い求めたアルゴリズムではありません。そうではなく、発見に役立つ助言や、勧告や指針といった性格を持つものです。

人はこうした板挟みの状態でも生きられます。しかし、社会学者は逆に、それなしでは生きられないのです。少なくとも、私は生きられません。

# 第2章　なぜ社会学するのか

J&T　なぜ社会学を専攻しようと思ったのですか。なぜ今でもそれほど熱心に取り組んでいるのでしょうか。

B　たしか十数年前にキースに説明したかと思います。戦争が終わって荒廃した祖国に帰還したとき、私の関心は子供のころから抱いていた宇宙の謎から、地球上に溢れる人間の悲惨にシフトしたのです。七〇年あまり経った今でも、その動機はまったく変わっていません。しかし、「社会学する」ことが一種の習慣になったことも事実です。

J&T　一貫して、社会学者を自称されていますね。なぜそう名乗るのですか、その仕事はなぜ、それほど重要なのですか。

Ｂ　一番答えにくい質問です。なぜなら、適切な（信頼がおけて真摯な）回答に至るまでの過程で、イデオロギーを隠れ蓑にしたり、自分宣伝や弁解ぎみになったり、思わぬ間違いを犯したりする危険性や誘惑があるからです。率直に言うと、あなた方との一番親密な会話の中でもあなた方が繰り出す「なぜ」という質問に対して、十分かつ公表できそうな回答が浮かびません。あなた方はおそらく気高くて、高尚で、勇気を起こさせ、安心させるような回答を期待されていることでしょう。しかし、私にはそういう回答は不向きであり、失望させるような答えしか出せないのです。私が答えざるを得ないと感じる親愛なる友人のあなた方が、どんな回答を求めようとも……。だからといって、あまり気を使わないで下さい。

実を言うと、なぜ私にとって社会学がこれほど重要なのか、（他人にも自分にも）うまく説明できないのです。私が言えるのは、他の生き方を知らないし、他のはやり事を楽しもうとする好奇心も能力も意欲もなくなってきたということです。あるいは、長年、社会学についての考察や実践を重ねてきた結果、もはや他の生活と切り離せなくなってしまったのかもしれません。それは知らず知らずのうちに、「既定」の事実になってしまっているのです。言い換えると、なぜそう問われるのか理解できないほどになっているのです。最近、ポルトガルの作家ジョゼ・サラマーゴ〔一九二二〜二〇一〇〕の告白を読みました。そのとき、あなた方の質問から受けたのと同じくらいの恥ずかしさが、想像できる範囲でもっとも明確な形で、こらえきれないほどこみあげてきました。私はすぐさま、『これは日記ではない *This is Not a Diary*』（二〇一一年刊）の二〇一〇年九月一一日の欄に、この偉大なポルトガル人に多くを負っていると記しました。この書からの次の引用が、あなた方の質問に対して私が提示できる唯一の賢明な回答だと思います。

「われわれが汗をかくからといって、その理由を説明するだろうか」とサラマーゴは述べています。汗はすぐ蒸発するか洗い流されて、「やがて消えてしまう」ものだからです。言葉も別の形で同じ運命をたどるのではないでしょうか。

それからサラマーゴは祖父ジェロニモのことを思い出しています。祖父は「最期のときが近づいてくると、自分が植えた木に別れの挨拶をしながら抱きしめ、むせび泣いた。二度と見られないと思ったからだ。ここには学ぶべき教訓がある。だからこそ、私は自分が書いた言葉を抱きしめ、それが長く記憶されることを望み、中断したところからまた書き始めるのだ」とサラマーゴは述べています。

「それが最良の回答だろう」とも彼はつけ加えています。

私も同じように考えます。

サラマーゴは、八六歳のときにそういう考えを記しています。私が初めて自著に彼の考えを引用したのは彼より一歳年上の八七歳のときでした。

## 制度化がもたらしたもの

J&T　あなたは一九七二年二月のリーズ大学での教授就任講義で、社会学に対する期待について次のように語りましたね。「私たちの仕事は、この非ロマン主義的な時代の後、ふたたび勇気と一貫性と人間の価値に対する忠誠が試される場となるかもしれません」と。これは今日の社会学にも当てはまるでしょうか。また、この「試される場」は、今でも存在するとお考えですか。

B　その期待は、今日の社会学にも完全に当てはまると思います。それは四〇年前と同じく、今でも新鮮であり、私たちにはそれに応える義務があると思っています。しかし実践という点では、適切な状況とは言えません。期待という点では追い風が吹いていても実践という点では向かい風の状態です。期待が高まる一方で、実践に対する障害物が積み上がっているのが現状です。

もっとも手ごわい障害物は制度化がもたらした無気力です。アカデミズムの世界で確固たる地位を築いた社会学は自己再生能力を発達させた結果、その妥当性を測る基準に左右されなくなりました（おかげで社会的に妥当でないという烙印を押されずにすんでいます）。研究方法を身につけて、それに従ってさえいれば学位を保証され、職を得られます（アブラハム・マズロー〔米国の心理学者、一九〇八～七〇〕が辛辣に指摘しているように、科学は創造性のない人々を創造的な仕事に加わらせるしくみなのです）。世界中の大学の社会学科は、自己複製のルーティンを通じて漫然と学位や教職を与え、自己再生と人材補給を図っています。人間の価値に対する忠誠を他の価値より優先する勇気を奮い起こすことが困難になればなるほど、少なくともしばらくの間は、リスクを伴う問題は避けようということになります。あるいは少なくとも脇に追いやられます。

自分たちの仕事に対する要請に鋭い嗅覚を持っていた二人の社会学の父祖、カール・マルクスとゲオルク・ジンメルは、アカデミズムの枠外で生涯を送りました。もう一人の父祖であるマックス・ヴェーバーの研究生活のほとんどが特別休暇に費やされたのも、単なる偶然とは言えないでしょう。

J&T　あなたは誰に向けて書いているのですか。あなたが存在すると確信する読者のために書いているのでしょうか、それともこれから形成される読者、つまりは望ましい読者のために書いているのでしょうか。後者のためだとすれば、確実に読者を確保したい出版社からの圧力とどう折り合いをつけているのですか。

B　回答が長くなるのをお許しください。そのシンプルな質問のよってきたる理由やそれへの回答を探すために、過去を振り返らなくてはならないからです。

私の世代は「歴史的主体」がゆっくりとまた容赦なく解体していくのを目にしました。その当時、アントニオ・グラムシ〔イタリアのマルクス主義思想家、一八九一～一九三七〕が設定した「有機的な」基準に合致する知識人が、自由・平等・友愛への長い行進（啓蒙思想家が輪郭を描き、後に資本主義か共産主義という隘路に踏み込んでしまった）の後たどりつく社会主義という最終目的地への先導役を務めると思われていました。

少なくとも一世紀の間、解放の「歴史的主体」の役を担う第一候補は「労働者階級」という名の集合体でした。自らの労働を不当な安値で売り、その売却に伴う人間的尊厳の否定という共通点でまとまった労働者階級は、カール・マルクスによれば、人間社会全体を解放しなければ自らを解放することはできず、すべての人間の悲惨を終わらせなければ、その悲惨に終止符を打つことはできないとされました。そうした力を持つとされる労働者階級は、確実な避難所になると思われました。それは、かつて近代のユートピア作家たちが、意識せず気乗りもしない臣民の幸福を法で定めるために啓蒙君主を据えた国々よりもはるかに安全な避難所でした。

このマルクスの言葉に正当な根拠があるかどうかは当初から無意味な疑問でした。マルクスの信念とは異なり、初期資本主義段階における職場の不満は、自由に対する希求ではなく、安全の喪失によって掻き立てられていました。しかし、いったん安全が確保されて別な基盤が再建されると不満は収まり、革命を目指すエネルギーは失われました。そして、前近代の経済・社会構造の崩壊に伴う不安定な時代が続いた後、新しい堅固な工業社会を基盤とする「相対的安定」の時代が訪れました。「資本と労働の再商品化」という政治的な管理のしくみが社会の特徴となり、国家は「景気刺激策」という積極的役割を引き受けて、資本主義経済の内包的・外延的拡大を促し保証しながら、労働者にさまざまな給付を提供して再訓練を施し、職場に復帰させようとしました。資本主義の拡大の終焉に伴う困難がどれほど厳しく、周期的な不況によってどれほど大きな混乱が起こっても、長期的な期待を叶え、信頼のおける修理器具を備えた枠組みが、人々の長期的な生活プランや、将来への自信、安心感を高めるように思われました。断ちがたい相互依存状態にあった資本と労働は、自分たちの絆は盤石だと確信するようになり、「会合を重ね」、互恵的な道を探り、少なくとも許容できる共生の道を求めようとしました（頻発する闘争や、協力に向けた話し合いによって何度も中断されましたが）。

J&T　そうすると、「歴史的主体」を生み出さなければならなかったのは、資本と労働が分離していたからではなく、合体していたからですね。

B　事態の成り行きに不満を募らせ我慢できなくなったレーニン（一八七〇～一九二四）は、労働者の希望通りにさせておくと、「労働組合的メンタリティ」だけを発達させてしまって、その視野の狭さゆえに自らの歴史的使命を果たせないと指摘しました。革命への「近道」の構想と「職業革命家」戦略の生みの親であるレーニンをさらに苛立たせたものが、エデュアルト・ベルンシュタイン〔一八五〇〜一九三二〕による楽観的で穏健な見通しでした。ベルンシュタインは（イギリスのフェビアン協会からの多大な支援を受けて）「修正主義的」な構想を生み出した人物です。この構想は、革命による一回限りの現状変更ではなく、資本主義の政治・経済の枠内で社会主義的な価値と目標を追求し、着実かつ漸進的な「改良」を目指そうとするものでした。レーニンの悲観的な見通しとベルンシュタインの楽観的な予想の共存を裏づける試みとして、ジョルジ・ルカーチ〔ハンガリー出身の哲学者、一八八五〜一九七一〕は、歴史がマルクスの当初の予想通りに進まないことを、資本主義の「虚偽意識」という概念（それはプラトンの洞窟の壁の上の影を髣髴させるものでした）によって説明しました。虚偽意識は資本主義があたかも「全体性」を持つかのように装う手段でした。知識人がその欺瞞を暴いて歴史法則の冷酷な真理を示そうとしなかったり、プラトンの哲人のように、あざむかれている洞窟の住人にその欺瞞を伝えようとしないかぎり、その「全体性」は保たれるとされました。

ルカーチによるマルクス後の歴史の気まぐれに関する再解釈は、グラムシの有機的知識人という概念と結びついて、知識人の歴史的宿命さらにはその倫理的・政治的責任を新たな高みに引き上げました。しかし、同じ理由から、非難の応酬や責任転嫁、裏切りといったパンドラの箱が開けられ、知性の放棄や野蛮な争い、相互中傷、魔女狩り、誹謗の時代が始まりました。労働運動が予想どおりに進展せず、革命による資本主義の打倒をためらっても、自らの義務を果たさず、誤ちを犯したと非難されたのは知識人でした。皮肉なことに、社会的評価が高くて意欲的でも自らの使命を果たせない知識人自身も、そうした責任論を受け容れる誘惑に負けてしまいました。というのも、そうした考え方は、知識人にとって、自らの理論面の弱点や実践面の無力さを明らかにする代わりに、自らの歴史的役割を主張し直すチャンスを与えてくれるものだったからです。思い出すのは、私がイギリスに来た直後に、シドニー・ウェッブ〔フェビアン協会の創設者、一八五九〜一九四七〕の著作を精読したある博士課程の学生が、会場を埋めた聴衆に向かって、英国で社会主義革命の到来が遅れている原因はすべて知識人にあると宣言して支持を得ようとしたことです。

その会場の壁に貼られた文書を注意深く読むと、イギリスの「ニューレフト」の知的な慢心を示すものでした。しかし、当時再発見されたルカーチやグラムシの思想は、彼らが伝えようとしていたメッセージの解読にはまったく役立ちませんでした。学生暴動の頻発と人々の間の不満の収束をどう結びつけたらいいのか。私たちは退却戦を戦っている軍隊を目にしているのか、それとも前進する軍隊の最前線を目撃しているのか。それは、かつての戦争の名残や手遅れになった軍事演習なのか、それとも新たな戦争の兆しなのか。ようするに終わりの兆候かそれとも始まりの兆しなのか。始まりの兆しだとすれば何の始まりなのか。海外からのニュースも困惑や混乱に拍車をかけるだけでした。それは、「プロレタリアートとの決別」声明と、フランスのルイ・アルチュセール〔一九一八〜九〇〕からのようやく革命への機が熟したとの表明が同時に流れていたころのことでした。Ｅ・Ｐ・トムスン〔イギリスの歴史家、一九二四〜九三〕の労働者階級の「処女懐胎」をめぐる魅力的な構想は、『ニューレフトレビュー』誌の編集者から理論的に貧困だと攻撃されていました（この構想は、トムスンの啓発的な物語の中に知識人が登場しないことと結びついているかもしれません）。

J&T　当時、そのことについてどう考えましたか。

B　後知恵で語りたい誘惑に駆られますが、誠実さに欠ける上に誤解を招くでしょう。急速に進展する出来事に巻き込まれた人々に混乱の責任を取らせるのは不正なことであり、真相の解明にもつながりません。「輝かしい三〇年」（戦後の三〇年に及ぶ繁栄の基盤が崩れ、その終焉が明らかになった段階でこう呼ばれるようになりました）が終ったことで、その見慣れた世界のタガが外れ、この世界を検証し記述するツールは役に立たなくなりました。直感や推測に頼る時代が到来し、正統派が今まで以上に深い塹壕を掘る一方で、数を増す異端派は大胆になり増長しましたが、コンセンサスを求めようとはしませんでした。

そこで、知識人の混乱の原因とされたのが歴史的主体の消滅でした。それはまず左翼知識人の「運動」からの決別、さらには「運動」とのコミュニケーションの破綻という形で表れました。

J&T　あなたが今要点をまとめた出来事の後、研究者や知識人は「専門用語という防火壁」の背後に退いたと言えるでしょう。生きられた経験についてほとんどあるいは何も語っていない理論でも、その防火壁によって妥当だとされました。この点についてどうお考えですか。

B　理論的に欠陥のない仮説や予測が現実の出来事によって次々と否定されるにつれて、知識人らは前よりも熱心に、またこれ見よがしに自己言及的な利益や目標を追求するようになり、まるでミシェル・フーコー〔一九二六〜八四〕の「特定分野の知識人」の到来宣言にならったかのようでした。「特定分野」や「特化された」知識人という言葉が撞着語法かどうかは分かりません。しかし、「知識人」という言葉が、給与に不満を抱く場合だけ公的な場面に登場する大学の講師や、演劇や映画制作への補助金削減にだけ抗議する芸術家に当てはまるかどうか別にして、一つだけ確実に言えることがあります。それは、このような政治的立場を限定して闘争に加わる人々にとって、「歴史的主体」という言葉はまったく不似合なものであり、罪の意識や喪失の苦い後味も感じずに議題から外せるものだったということです。

しかし、解放への希望とそのための作業は、『白鯨』のエイハブ船長の手招きに応じる船乗りのように深淵の中に沈む「歴史的主体」と運命をともにしなければならないのでしょうか。テオドール・W・アドルノが行った作業は、この疑問に正面から挑んで明確に「ノー」と答える、長くて徹底した試みと解釈できるでしょう。結局のところ、歴史的主体に対するイギリスの知識人の熱意がしぼみ始めたかなり後で、アドルノは旧友のヴァルター・ベンヤミン〔一八九二〜一九四〇〕に、「ブレヒトのモチーフ」について警告を発しています。「ブレヒトのモチーフ」とは、「現実の労働者」がオーラを失った芸術を救ったり、彼ら自身が革命的な芸術の「複合的な審美的効果の直接性」によって救われる希望のことです。「現実の労働者」は、この点について決して「ブルジョワよりも有利な立場にあるわけではなく」、「典型的なブルジョワの特徴をまったく持ち合わせていない」とアドルノは主張しています。その後で、「われわれにとって自明な事柄（つまりは「革命のためにプロレタリアートを必要とする」という知識人にとって自明な事柄）を、プロレタリアートの徳目にすることがないよう気をつけよう」という捨てぜりふを残しています。

一方でアドルノは、よりよい社会の実現と人間解放の見通しがマルクスの時代ほど明らかでなくても、人間性をむしばむこの過酷な世界に対してマルクスが提起した義務は現実性を失っておらず、当初の解放の意欲が夢想だったという証拠もまだ陪審員から提出されていないと主張しています。そのため、解放を議題から外す理由はありません。むしろ、その逆であり、今なお社会的な病がはびこっているがゆえに、よりいっそう懸命に取り組む必要があるのです。

アドルノの警告は今でも、書かれた当時と同じく、効力を失っていません。「今なお苦痛や恐怖心や脅威が存在するがゆえに、まだ実を結んでいないこの思想を手放してはならない」のです。今でも当時と同じく「哲学は、今日パラダイスであるこの世界がなぜ明日になると地獄になってしまうのか、憶測を交えずに、知る必要がある」のです。「今」と「当時」の違いは、解放という課題が緊急性を失ったことや、解放の夢に根拠がなくなったということに求めるのではなく、それ以外のところに求めた方がいいでしょう。

　しかし、アドルノは急いで次のようにつけ加えています。この世界はマルクスの目には「すぐさま」天国に変わるように映ったり、「この世界を『根本的に』変える可能性がまじかに迫っていそうに」思えて、そのことに一定の現実味があったとしても、それは今の時代には当てはまらない、ということです（「マルクスの仮説を信じ続けることができるのは頭の固い人間だけである」）。今やそうした世界への近道の可能性は消え失せているのです。

## ビンの中のメッセージ

J&T　より良い世界への近道はないとしても、そうした世界への道は残されているのでしょうか。

B　現時点で、この世界と人間にとって快適で「使い勝手がよくて」「解放された」世界をつなぐ橋は残っていません。そういう橋が設計されたとしても、橋を渡ろうと殺到する群衆は存在せず、向う側に安全に運んでくれる車両もありません。使用可能な橋がどのように設計され、その橋へのアクセスが確保され、スムーズで快適な通行が可能になるかどうかも定かでありません。今のところそういう可能性はないと結論できるでしょう。

そうなると、知識人や、過去の満たされない希望や約束の提唱者、希望と約束を忘れることに罪の意識を覚えている人々はどうなるのでしょう。彼らは約束を果たさないまま置き去りにされるのでしょうか。

アドルノが再三警告しているように、「いかなる思想もコミュニケーションの影響を免れず、それを不適切な場所で合意もなく口にすると、その真理を損ねる」ことになります。したがって、行動する人やしたい人、失敗に終った人、行動するのをためらっている人とコミュニケーションをとろうとする「知識人にとって」は、「神聖な孤立」こそが「零落した」人々との「連帯を示す唯一の方法」です。アドルノによれば、そうした自らに課した孤立は裏切り行為ではありません。また撤退の印でも謙遜のしぐさでもありません（この二つは結びついており、「謙遜と自分に問いかけることは同じである」と彼は指摘しました）。それはコミュニケーションを停止する印でもありません——それは人間の解放の見通しという

「真理」が「蝕まれ」ないようにする決意に他なりません。距離を取ることは裏返せば関係を持つ行為です。それは、希望が満たされなかったり、裏切られてしまったりした側が取ることのできる唯一の賢明な関わり方なのです。つまり、「公平な観察者も積極的な参加者と同じくらい事態に巻き込まれており、前者の唯一のメリットは、自らの置かれた困難な状況に対する自覚と、その自覚から得られるわずかな自由」です。アドルノが提示したコミュニケーション戦略は「ビンの中のメッセージ」戦略とも言うべきものです。

「ビンの中のメッセージ」という比喩には二つの前提が含まれています。まず、書いた後でビンに入れ水に浮かべておく必要のあるメッセージが存在すること。第二に、（いつ発見されるか予測できない）そのメッセージに、取り出して読んで吸収する価値があることです。場合によっては、未来の見知らぬ読者にそのメッセージを託すよりも、耳を傾ける用意がないか、耳を傾けようとせず、目にしたことを理解したり記憶にとどめることのできない同時代の人々にそれを届けた方がいいのかもしれません。そういうケースでも、ビンの中に入れるという形でメッセージを未踏の時空間に送ることは、メッセージが無視されている現状を乗り越えられるか、無視される原因となっている（一時的な）条件を潜り抜けられるかどうかにかかっています。「ビンの中のメッセージ」という方策に意味があるのは、そうした手段に訴える人が、価値は永遠であるか、あるいは少なくとも一時的なものではないと確信していること、真理は普遍的であるか少なくとも偏狭なものではないと信じていること、さらに、もっか真理探究の駆動力となり、価値を擁護する動きを呼び起こしている諸問題が、一時的な「危機管理」の問題とは違って、今後も続く場合に限ってです。ビンの中のメッセージは、不満の一時性と、希望の持続性、さらには可能性の永続性、実行を阻む不幸な出来事の短命性を裏づけるものです。アドルノの表現では、批判理論は証言であり、このことはビンの中のメッセージの隠喩が真実であることを保証するものです。

J&T　ビンの中にはどんなメッセージが入っているのですか。

B　ピエール・ブルデュー〔フランスの社会学者、一九三〇〜二〇〇二〕は後期の代表作『世界の悲惨 *La Misere du monde*』（一九九三）のあとがきで、有権者の期待や要求を理解し明確にできる政治家の数は急減しており、政治空間は内向きになり閉じてしまっていると指摘しました。もう一度政治空間を開く必要があり、それは「私的」なもめ事や願望（当初は明確にされないことが多い）を直接、政治的プロセスと関連づけることで開くことができます

（逆もまた真なりです）。しかし、公的な言説がエミール・デュルケームの「予断」に満ちているために、言うはやすく行うは難しです。なおこの「予断」とは、主観的な経験が詳しい説明もなく公的言説のレベルに引き上げられたり、私的なもめごとが公的言説として処理され区分されて、精査されることもなく、繰り返し動員されることです。社会学が人間の経験を対象にするには、まず、そうしたあり方を改める必要があります。表に出ないか、あるいは逆に声高に叫ばれる予断を批判的に評価しなければなりません。そのためには、通常は私たちの視野の外にあるか無意識の中に潜んでいる経験の各側面を、目に見え聞こえるようにしなければなりません。

しかし、「生活を苦しく困難なものにしているしくみに気づいても、それがなくなるとは限らず、その矛盾を明らかにしても、それで解決につながるとは限らない」ことは少し考えただけで分かるでしょう。困難の原因に気づくこととそれを一掃することの間には長くて曲がりくねった道があり、その隔たりを埋めようと一歩踏み出しても、次の一歩を踏み出せるとは限りません。もちろん、その道はずっと続いていきます。だからといって、個人の苦しみと集合的に生み出された条件の複雑なからみあいを明確にする意義が否定されることはありません。社会学、とりわけそうした課題に取り組もうとする社会学にとって、そうした作業を開始することは必須条件です。最初の一歩は、他の形では気づかれず存在もしない軌道修正への道を明示し舗装することです。ブルデューの「自らの人生を社会的世界の研究に捧げる人間は、この世界の将来を賭ける闘争の前で、中立でも無関心でもありえない」という言葉を銘記し、できるかぎり実践しなければなりません。

さて、「誰に向けて書くのか」という質問に戻ることにしましょう。しかし、答えはもう不要だと思います。私の世代の経験をまとめることが、私が提示できる最良の回答だからです——仮にそれが、私が行ってきたことでなくても、心からそうあってほしいと思うことでしょう。ことによると、私はビンの中に入れるメッセージを書いているのかもしれません。そのメッセージに宛先はありませんが（あるのなら、それを波に委ねる必要はありません）、誰かに見つけてもらえると信じています。そのメッセージは、まるで「スマートミサイル」のように、リキッド・モダンにまつわる諸問題への解決策を見つけるという課題を背負った船乗りたちの中から、ビンを開けてメッセージを読もうとする船乗りを選ぶのです。

## 社会学的解釈学とは

J&T　いまお答えいただいた回答は、あなたが社会学的解釈学の方法論と呼ぶものとは何かに光を当てるものです。その社会学的解釈学とは何ですか。あなたは社会学的「第六感」を働かすことがあると語っていますね。それはどんなものでしょうか。

B　私の社会学は社会学的解釈学と言えるものです。それは、人間の選択を、社会的に形成される状況や場が課す課題に応じる際に組み立てられる戦略の表明、と解釈するものです。

人間の選択は、トランプのプレーヤーの行動が手持ちの札によって決まるのと同じように決まります。人はある状況におかれると、可能性の分布を操作します。実行できる行動とできない行動を分け、確率の高いものと低いものを分けるのです。しかし、完全に選択の余地がなくなることはありません。アウシュヴィッツやコルイマ〔ソ連時代の収容所〕の司令官のような有能な人間でも、選択の余地を奪うことは不可能でした。人間には選択の確率を操作する能力が備わっていますが、人間から選択能力を奪う力を持つものなど存在しません。さて、これこそ社会学が「科学的な予測」を立てたり、それによって本格的な「科学」の地位を主張したりする意欲を放棄しなければならない理由です。取り除くことのできない人間の選択能力を前提にすれば、こうした予測も決して確率計算の域を超えるものではないと言えるでしょう。

「社会学的解釈学」という言葉で私が言いたいのは、個別の社会学的活動や、それを実施する特別なスタイル、独立した学派などではありません。社会学的解釈学は、人間が置かれた現実を理解する作業は社会学的な方法によってなされるべきだという前提に立ちます。あなた方は私が、社会学全体について（つまり、社会的現実の産物であり生産者である人間が行う差異への問いかけについて）、人間の行動と、その前後に行われる言葉による説明を理解し説明する（それは人間の場合にはほとんど同じになる）作業の中で卓越した重要な役割を主張しているとおっしゃるかもしれません。あるいは、解釈学によって社会学を改革するのではなく、社会学によって解釈学を改革することを提案していると言われるかもしれません。人間の思考や行動の意味を追究しようとするなら、（私たちが理解し・説明しようとする）人々の思考や行動の社会的に形成された条件を検討すべきだと、「社会学的解釈学」は主張します。言い換えれば、人間の行為の解釈学は、意味論的なものでも文献学的なものでもなく、第一義的に社会学的なものなのです。

これは、悲しいかな、学生向けの「社会学調査ガイドブック」に詳しく説明されている要求には合致しにくい条件です。「社会学的解釈学」の方法は文書化になじみません。またこの方法は、意味や責任を免除されるおかげで、ためらいや罪の意識も覚えずにひたすら記憶し従うだけの、もろもろのアルゴリズム的なルールに単純化されるのを拒むものです。したがって、「社会学的第六感」、言い換えれば直感や、E・M・フォースター〔イギリスの小説家、一八七九～一九七〇〕の、「ただ結びつけるだけ」という呼びかけに類似したものであり、その正しさを事前に保証されず、明確な結末も見えない対話《ダイアローグ》〔あるいはポリローグ〕を通じて証明していく必要があります。おかげで「社会学を」完全な科学の地位に「昇格させる」見通しは立たなくなります。しかし、発明し実践する科学の基準を自分で設定できる動物である人間が自らの要求に従うのを躊躇するのは、決して珍しいことではありません。

J&T　リーズ大学での教授就任講義であなたは、社会学の任務は「無力な人々に力を与える」ことであり、そういう能力がなければ、社会学は「社会的世界を理解する力がないことを」受け入れなければならないと語っています。その考えは変わっていませんか。

B　前に述べたように、その考えを改める理由はありません。むしろ、それに固執する理由の方がたくさんあるくらいです。

J&T　テレンス・ラティガン〔イギリスの劇作家、一九一一〜七七〕による古典学を題材にした劇作『ブラウニング・バージョン〔その後『明日に向かって……』というタイトルで映画化された〕』（一九四八）には、アンドリュー・クロッカー＝ハリスという主人公が登場します。クロッカー＝ハリスは、自分が何十年も教えてきたギリシア語とラテン語が、しだいに科学やスポーツなどの人気科目に押され、時代遅れとみなされる危機に直面しています。引退を迫られたクロッカー＝ハリスは映画の終わり近くで、同僚や学生やその親たちに向かって、「もはや文明を信じられなくなったこの時代にあって、どう教養人を生み出す希望を持ったらいいのでしょうか」と熱烈に問いかけています。社会学は、新しくて人気のあるものを重視するこの世界で、クロッカー＝ハリスと同じく古くさいものになりつつあります。社会学は今日のリキッド・モダニティの時代にあっても教養人の創出に貢献できるでしょうか。

Ｂ　もちろんです。社会学は、ギリシア語やラテン語とは異なる方法によってですが、文明に貢献しているといえます。おまけに、クロッカー＝ハリスは、新旧の共存状態を戸惑いと絶望の気持ちで見守る多くの人々と同じように、文明の死亡記事を書くのが早すぎたかもしれません。私の長い人生を振り返っても、アルファベットや、歴史、近代、階級社会、工業社会、読書文化や読書人、書物、そしてこの世界自体の終焉が幾度となく唱えられました。このことは結局、過去半世紀に見られたように、この「空位の時代」（古い方法が機能せず、急速に変わる景観や課題に対応するものがまだ生み出されていない時代）を生きる人々が期待し望んだものでした。しかし、当初から人類史の中の「文明的な」ものは学んでは忘れられるものであり、今後もそういう状態が続くでしょう。われわれ現代人の中でギリシア語やラテン語に精通している人は少数であり、中世の楽器を演奏できる人はもっと少なく、火打石で火をおこせる人は皆無です。古いスキルを放棄しなければ新しいスキルは得られません。新しい困難な課題に取り組もうとしても古いスキルはほとんど役に立たず、新たなスキルが必要です。古びて時代遅れになるスキルに敬意を抱きながらも危機感を覚えていたクロッカー＝ハリスにとって、こうした事態は自らに対する破綻宣告であり、人生を棒に振ったことを意味します。

しかし、社会学の任務は変化しつつある世界に方向を示すことです。そして、変化とその結果を追いながら、その要請に応えられる生活戦略を編み出すことによって、その任務を果たせるのです。常に方向を変えつつある世界は社会学研究にとっておあつらえの場であり、社会学が担えるのはそういう役目なのです。

J&T　しかし、私たちはどんな方向に向かっているのでしょうか。リキッド・モダン社会のように完全に個人化された社会は、個人化された主知主義というカルトを生み出すと主張する人もいるかもしれません。今日、自分のことを大きなパラダイムの支持者や学派の一員と考える読者や学生や研究者はほとんどいません。しかしその代わりに、たとえばブルデューやハーバーマス、ルーマンやバウマンなどの社会学者の著作に夢中になる人は増えています。おかげで、あなたの名前が「知の権威」や「アカデミズムのスーパースター」、「世界的に著名な社会学者」のリストに登場することがあります。こうした今日の傾向を私たちが特定の社会思想家の偶像化ととらえていることについて、どうお考えですか。

B　それは何も社会学に限った現象ではありません。逆に、社会学はあらゆる知の分野や、生活世界のメンタルマップ、生活世界自体の構造に共通するパターンに従っているだけです。私がその短い歴史や新しい特徴をとらえて、人間同士の絆の漸進的な弱体化や、崩壊、新たな脆弱さやその場限りの一時的で短命化する構造という見出しで要約しようとしているパターンは、実のところ「リキッド・モダニティ」の姿そのものです。そのパターンは、断片化や、エピソードへの分解、規制緩和、個人化、民営化、さらには個性化への流れという形で表面化し、人間同士の交流や、支配的な世界観など、あらゆる領域に影響を及ぼしています。それをめぐってさまざまな解釈や計算がなされる中で、人間界で起きている現象で誰もが感銘を受けているのが、(人類史の大半とごく最近に至るまで、はかなくて、か弱くて短命で、本当の意味で無価値で、嘆きや悲しみの対象とされていた) 人間の肉体としての寿命の伸びと、今後さらにそれが伸びそうだという発見ではないでしょうか。

私が社会学と哲学を専攻するようになった半世紀以上前、各学問分野はきっちりと分かれており、それぞれが「学派」の名を冠していました。史的唯物論や、構造機能主義、エスノメソドロジー、構造主義、分析哲学、現象学、実存主義などがそれです。その数は研究対象によって変わりましたが、その区分の原則については疑問視されませんでした。各学問分野のテキストの各章にも学派の名がついていました。個人の名前はその支持者の経歴や著書目録のデータによって大きな違いがありましたが、その支持者の方法や研究活動の面ではささいな違いにすぎず、偶像破壊というほどではありませんでした。しかし、今日新たに参入した人々には、学問分野のあり方はまったく違って見えると思います。つまり、あらゆる方向に著名な人々によって踏み固められた道が広がっていて、各研究者はすでに輝きを放っているものを守るよりも、新たな道を作るのに忙しい状態です。もはや成功を収めたパラダイムや学派の業績の物語ではなく、パラダイム破壊や個人の偉業の物語が中心であり、「学派」の物語ではなく、「重要な社会学者」や「重要な哲学者」の物語が中心をなしています。私が今話していることはあらゆる科学分野に当てはまります。それに加えて、その傾向は私たちの日常生活の全体や隅々にまで広がっています。どれほど小さくて孤立したものでも、そこから逃れられるものはないのです。

マーク・ザッカーバーグ現象について考えることがあります。マーク・ザッカーバーグは、あらゆる人間の関心は結局自己確認に行きつき、アイデンティティを求める人と構築しようとする人の道はすべて、それを求める人の身体と精神に至りつくと考えて、「フェイスブック革命」を開始し、たった数年で大金持ちになった人物です。私が若いころに、こうした現象は起こったでしょうか（当時はまだコンピュータなどなかったと言いたいわけではありません）。マーク・ザッカーバーグが三、四〇年前に生まれていて、教師から聞かされるジャン・ポール・サルトルの言葉を感動しながら復唱したり、ミシェル・フーコーの「作家は死んだ」とする言葉を繰り返したり、「ニュークリティシズム」の伝道師から、芸術的なテクストを作家の人生の些末的な事柄と結びつけるのはばかげていると聞かされていたなら、作家を生み出すものは「作家の些末的な事柄」であり、彼の若い同僚たちが自らの「些末的な事柄」を公にして作家の栄光に浴することを望むといった現象は、はたして起こったでしょうか。ザッカーバーグがもっと早く生まれていたら、数億人の積極的なユーザーが彼の発明（あるいは一部の人によれば強奪）に飛びついたおかげで数十億ドルも稼ぐことなど不可能だったのではないでしょうか。たとえば、セバスチャン・フォークスが『フォークス、フィクションについて *Faulks on Fiction*』で「作家の生活とその仕事への姿勢については、コメントを禁じられるどころか、主な議論の対象となった」と指摘したのは、ほんの二〇年前のことです。彼は次のようにつけ加えています。この一大変化は「憶測やゴシップへの扉を開いた。すべての芸術活動は作家の個性の表明だとすることで、伝記的な批評は創造行為を余興に変えてしまう」と。ザッカーバーグが自らについての新事実を公開して、仲間の学生たちに伝えようと決心し、その仲間たちも、ザッカーバーグの行動にならおうとするようなことは、ほんの過去二〇年間に起きた現象だと思うのです（むしろ確信を持ってそう言えます）。

J&T　われわれ社会学者もマーク・ザッカーバーグと大差ないのではないでしょうか。レジス・ドゥブレはその著書『教師、作家、有名人 *Teachers, Writers, Celebrities*』（一九八一）の中で知識人の歴史を記し、「知識人は今や単なる有名人にすぎないのか。この世界を変えるために有名人になり下がったのか」と辛辣な疑問を投げかけています。

Ｂ　有名になることが重要なのではなく、どんなサービスを提供するかが重要です。私の有名人の定義は、ダニエル・Ｊ・ブーアスティン〔米国の作家、一九一四〜二〇〇四〕にならって、有名であるがゆえに有名な人物のことです。したがって、その人物が何を行っているかは問われません。せいぜい彼らはアイドルであり、その知識は貧しく、ここに来てあなた方に指示を出したり、教えたりするわけではありません。彼らを模倣しようとする人もいるかもしれません。たとえば、フェイスブックは、貧しい人々にとって、分厚い雑誌やテレビのゴールデンタイムの代わりになるものです。繰り返しますが、重要なのは有名になることではなく、公衆を変えることなのです。

今日、法令上の個人と事実上の個人の間に広がる裂け目と格闘する人が急増しています。そうした人々は私たちを求めています。したがって、重要なのは有名であることではなく、彼らに語りかけることであり、それこそ私が提唱しようとしている社会学のあり方です。二、三〇年前、私は社会学の専門用語を使うのを一切止めました。そうした専門用語は、コミュニケーションを遮断し境界線を設けて、できるだけ「社会学」に近づこうとするために発明されたものだからです。しかし、社会学が社会的でありたいのなら、自らを解き放ち、私が社会学徒であったころ行ったのと同じ思考を開始する必要があります。私たちがここにいるのは、証拠を集め、経験を持ち寄って会話に参加し、無視と無力という二重の困難に立ち向かう人々を支援するためです。私が思うに、非常に大きくて刺激的なチャンスが存在し、それこそ私たちの前に広がっている景色なのです。

J&T　あなたは今、少なくとも三本の映画の登場人物であり、数多くの授賞式にも出席され、YouTubeではあなたの講義を見ることもできます。あなたは今やセレブ（有名人）の役を演じることを運命づけられています。

B　個人的なエピソードを言わせて下さい。アストゥリアス皇太子賞を受け取りにスペインのオビエドを訪れた際、サインを求めて玄関で待ちかまえている群衆が恐ろしくて、ホテルに閉じこもっていました。しかしそれも、別の賞の受賞者であるスペインのナショナルサッカーチームが到着するまでの間でした。その後、自由に街を歩き回れるようになり、サインを求める人は私のことなど気にも留めませんでした。

しかし、エピソードはさておき、見られない存在であること――「セレブである」（つまりは知られている存在であるがゆえに知られている）のに、人々の思考や行動に何の影響を与えていない――と耳を傾けられる存在であることを、混同しないで下さい。レジス・ドゥブレ〔フランスの哲学者、一九四〇〜〕の「メディアクラシー」（「メディアの支配」と月並みなものの支配（メディオクリティ）との幸運な融合）の得意技は、以上の二つのうちの後者を圧殺しながら、前者の可能性を高めることです。

　そうした板挟みの状態を打開しようとしていますが、成果は出ていません。私たちの時代のアゴラは露店だらけで、商品を売買する人だけが集まっており、それらの商品が売買されたときだけ情報が流れます。そうした情けない状態のアゴラを修復しようと思ったら、まずはそこへの入場許可を得る必要があります。自分の言うことに耳を傾けてもらいたいのなら、人に聞いてもらわなければならないからです。しかし、アゴラへの入場許可を得たからといって、耳を傾けてもらえる保証はありません。悲しいことに、それが避けがたい現実なのです。

J&T　テオドール・W・アドルノの言葉を借りると、「思考する人間はどんな批判にも怒らない……なぜなら、彼らは自分に怒りの矛先を向ける必要がない上に、それを他人に向けたいとも思わないからだ……思考していれば不幸が蔓延しているときでも幸福であり、不幸の表明という形で幸福を得るのだ」そうです。あなたは思考していると幸福ですか。幸福をつかんでいますか。

B　怒りと思考の関係についてはよく分かりません。愛憎関係ではないでしょうか。つまり、同居が不可能でありながら、別居もありえないという状態ではないでしょうか（関係は悪化しているのでしょうか、改善しつつあるのでしょうか）。それとも、それはジャック・デリダの言うパルマコン〔薬と毒物という両面性を持つ〕の状態なのでしょうか。

私が思うに、多少の怒りは思考にとって最高の刺激剤であり、それが過剰になると思考の途絶につながります。しかし、どの地点で多少の怒りが過剰に転じるのでしょうか。思考はときに怒りに対するもっとも有効な鎮静剤になりますが、怒りを掻き立てる燃料になることもあります。しかし、どういうきっかけでそう変わるのか、どの地点で変わるのでしょうか。私は、ポール・リクール〔フランスの哲学者、一九一三〜二〇〇五〕の指摘にならって、次のように考えています。思考がその最初の段階で不寛容を拒否して（権力に対する反感と結びつかないようにすることで）怒りの源泉を涸らし、寛容への道を歩むとすれば（つまり、自発的に権力欲を抑えて怒りを鎮めるならば）、それは特定の対象を許容しがたい（この「許容しがたい」を不寛容と混同してはいけません。「許容しがたい」はヘーゲル的な不寛容の二重否定の産物です。「許容しがたい」は想像できるものであり、寛容が勝利した後で初めて本領を発揮するからです）と想定する憤りのしぐさのおかげであり、それによって寛容が完全に勝利した後に陥りがちな無関心の罠を避けることができます。したがって、思考が頂点に達した際のそうした憤りは怒りを意味するのです。

　私たちが標識の整っていない道を移動していることは承知しています。流砂の上では地図は役に立ちません。しかし、いずれにせよ、私たちはそこにいるのです。陸地測量部が制作した地図を持たずにさまようことは、私たちが自分たちの仕事を練り直すために、喜んであるいは悲しい気持ちを抱きながら決めた定めなのです。それに従うか、それともやめるかのいずれかです。

　それでは、私は思考することで幸福になれるでしょうか。回答の内容はともかく、それに明確な答えを出すのは誠実とは言えません。確実に言えることは、思考は平穏な状態を耐え難いほど退屈で忌まわしいものと考え、最後の儀式の時間が近づいている印と考えるということです。

書くことは、自分の考えをどううまく表現するかを学ぶ唯一の方法です。私がマスターしたばかりの方法はまだ満足のいくものではありませんが……。

J&T　あなたが多作なのは会話を続けようとするためですか。それとも始めようとするためでしょうか。言い換えると、あなたの多作さは対話が存在する表れですか。それとも不在の印でしょうか。あるいはもっと一般的に考えて、社会学という仕事を通じて私たちはみなピューリタンになり、自分たちが世俗の世界での救済を運命づけられていることを聞かされていなくても、仕事に精進しているということでしょうか。

B　鋭い指摘ですね。その通りだと思います。おそらく今や私たちはみなピューリタンなのです。選択によってではなく、歴史の命令によってですが。私たちは救済の確信を持てず、たとえ救済がもたらされるとしても、それがどんな形をとるのか確信が持てないでいるのです。しかし、一九七五年公開のアメリカ映画、『カッコーの巣の上で』でのジャック・ニコルソン扮する主人公による精神病院の鉄窓を破ろうとする試みが持つ魅力に触れることが一つの手がかりになるでしょう。ジャックは正気だったのでそんなことが可能だとは思いませんでしたが、それを実行しないからと言って誰にも非難されないという確信はありました。よくご存知のように、今日どんな内容のメッセージにも「品質保持」期限が表示されていて、その日になると効力がなくなってしまいます。品質の欠陥を量の多さで補おうとする今日の文明をめぐる議論は別にして、ビンがリサイクルされるか廃棄物になってしまう前に、その中にメッセージを入れたければ、ジョージ・バーナード・ショー〔イギリスの劇作家、一八五六〜一九五〇〕がある写真家に示した方策（数千のタラの卵のうち少なくとも一匹は成魚になるという例にならった）を実行に移す必要があります。つまり、「会話を続ける」ためにも、常に「それを始め」なければならないのです。

ジャック・ニコルソンの試みは結局失敗しましたが、仲間のネイティヴ・アメリカンは悲惨な境遇に置かれながら、その失敗を教訓にして精神病院からの脱出に成功し、自由を得たことを思い出してください。

## 読者との関係

J&T　社会学は生きられた経験との会話だとするあなたの立場は一貫しています。そうすると、あなたが書く文章は読者との対話だということになりますね。それらの文章は読者に向けて語っているというより、読者と語り合っているわけですね。そうした態度はミヒャエル・ハネケ〔オーストリアの映画監督、一九四二〜〕が、自分の映画と観客との望ましい関係について述べたものと似ています。ハネケは、自分が望むのは観客にスプーンでものを食べさせることではなく、映画の意味形成に観客を参加させることだと語りました。その結果、彼はあまり説明を行わずに（『白いリボン』という作品ではいったい何が起こっているのでしょう）、一部の物語の要点を伏せています。もちろん、ここから社会学者はハネケの映画を見るべきなのかという疑問が起こってきます（端的に言えば、見るべきだと思います）。しかし、著者とテクストの関係をめぐるもっと大きな疑問も湧いてきます。あなたは読者をご自分の著書の意味形成に参加させようとしていますか。

B　ハネケは「観客を力づくで独立させようとしている」とも語っており、この言葉は人民を力づくで自由にするというルソーを髣髴させます。しかし私は、自由は疑問を投げかけることに始まり、「スプーンで回答を与える」ことで終わると信じています。モーリス・ブランショ〔フランスの批評家、一九〇七〜二〇〇三〕が回答を疑問の呪いと呼んだことは有名です。つまり、いったん疑問を投げかける理由が表明され、答えが正しいとされると、自由ではなくなります。私たちは疑問を投げ続けている限り自由であり、いったんそれを止めると自由でなくなるのです。私はときどき考えることがあります。解放のドラマという舞台上で投げかけられる疑問はギリシア神話の死の神タナトスが持つ翼から向けられており、疑問を促したり投げかけたりする人間の役目は、（それが芸術家か批判的な社会学者かを問わず）回答への道を均すというより、タナトスの筋書きの不正を暴き、彼の手からドラマの筋書きを奪って、その方向を変えることでないかと。私の願いは、回答への道にふさがるくぼみや罠を目に見えるようにし、その筋書きの裏をかくことです。しかし、分野は違っても、ハネケと私は同じ仕事、つまり読者に考えさせて、安易な修正で済まそうとする誘惑から逃れさせる仕事に従事しているのではないかと思います。

J&T　ハネケは自分が撮った映画の意味を説明するのを拒んでいます。あなたも、ご自分に対する批判に応えたこともなければ、「自分が言いたいのは、そういうことではない」とおっしゃったこともなく、あなたの著作から読み取れる意味を閉ざしたこともありませんね。あなたがおっしゃるように、それはビンの中に入れたメッセージであり、その種のあらゆるメッセージと同じように、読者に解決をゆだねるしかないのですね。ところでハネケはかつて、なぜ今まで本当に言いたいことを言わなかったのかという質問に答えたことがあります。その質問に対してジョークで答えていますが、本当はとても真剣だったと思います。ハネケは、「自分の映画が引き起こした疑問にどう答えたらいいのか分からない。なぜなら、その映画を作った人間とそれほど親密ではないからだ」と語っています。さて、あなたはジグムント・バウマンの著作や記事と良好な関係にありますか。

B　ハネケは非常に真剣だったというあなた方の意見に同感です。世界内存在という人間のあり方の謎を解こうとしても、神とのホットラインを備えた全知の神官など存在しません。純粋で汚れのない思考に出会うために、洞窟を出よというプラトンの哲人の指示に従うことができる人もいません。たとえいたとしても、彼らは他の人々（私も数えきれないほど多くの一人にすぎません）、つまりは私たちその他の洞窟の住人と意思疎通を図ろうとはしないでしょう。そこで（ハネケ自身もそう考えたと思います）、観客や読者を力づけたい人は、洞窟の住人の経験と関連があることから始めなければなりません。だからこそ、私は自分の仕事を、実際の経験との終わりのない会話だと思って取り組んでいるのです。しかし、私はハネケの言葉から一歩踏み出します。それは意味形成に際して「観客と読者に参加の可能性を与える」ことを踏み超える一歩です。この作業は、彼らの参加がなければ、無意味さに対する闘争が成り立たないことを示すためではないかと思います。それでも、その闘争に勝利を収めるかどうか確信が持てないと付け加えておきましょう。しかし、その疑問は決して絶望にはつながりません。人間を構成するのはまさしくそうした闘争、つまり、あまりにも人間的な世界内存在のあり方なのですから。

J&T　社会学は人々を幸せにすることができますか。

B　私たちが自分の手で自分を取り巻く条件を作っている世界の方が、そうでない世界よりも幸せになれると考えるなら、幸せにできると思います。それとは逆に、自分の目を閉じたり、別の方向を見たりすると、幸せになるチャンスはありません。そういうチャンスは飲酒や薬物がもたらすようなはかないものであり、酔いから醒めると失望感に襲われるという大きな代償を払うことになります。

J&T　社会学によってあなたは幸せになりましたか。

B　難しい質問ですね。たとえそういうことがあったとしても答えるのは不可能です。結局、一生涯社会学者で、他の仕事にはつかなかったので、比較する対象がないのです。

しかし、社会学者であることで幸福な人生が送れるのかという質問には、かの偉大で賢明なヨハン・ヴォルフガング・ゲーテ〔一七四九～一八三二〕が私と同じ年齢のとき語った言葉を繰り返すだけです（言葉の重みこそ違っても）。ゲーテは幸福な人生を送ったかどうかと問われて「ええ、非常に幸せな人生を送りました」と答えたすぐ後で、「申し分ないほど幸せだったときはいつだったか思い出せませんが」とつけ加えています。

# 第3章　社会学するにはどうすればよいか

## 自問することと価値を問い直すことの意義

J&T　いくつか確認しておきたいことがあります。あなたのお仕事の一つの効果は、読者に、これまで自明だと思っていた事柄や、大切にしていたもの（価値）を疑問視させることだと思います。たとえば、あなたは一夜限りの情事のときめきを非倫理的で非人間的だとも指摘されていますね。あなたのお仕事は、多くの男女が抱いている価値を貶める可能性があります。そこで三つ質問があります。

最初の質問は、そうした主張はどのような方法によって正当化されるのか、という点です。そのような主張は通常、非常に残酷だと思われるのに、なぜ読者はあなたの言葉に耳を傾けるのでしょうか。

B　あなたが指摘された「残酷さ」について、私はいくども自問を重ねてきました。なぜ大勢の「男女」が私の言葉に耳を傾けるのかいまだに謎であり、その理由は推測の域を出ません。しかし、メッセージに「耳を傾けること」と聞くことはまったく別であり、メッセージを聞くこととそのアドバイスに従うことも別です。

　私は道徳を説く人間ではありませんが、道徳性（イマニュエル・カントが存在についての最大の謎の一つとした「わが内なる道徳律」）と、その強靭さや脆弱性の源泉の問題は核心的なものであり、それに比べると、その他のあらゆる人間の条件の秘密は付随的なものです。そうであるがゆえに、私は「価値を貶め」たり、道徳律を書き直したりするつもりはありません。私が自分のささやかな能力の範囲内（なすべきことを行うには不十分だという意味です）で行うことは、「男女」が従おうとしながら、それが何かを明らかにできなかったり、明らかにするよう求められてもうまく答えられない価値を明らかにすることです。私がそれを行おうとするのは、それらの「男女」が選択を行おうとする場面に遭遇しても言葉にできないディレンマを提示してあげるためです。そうすれば、「男女」は、何を犠牲にして何を得ればいいかもっと意識し、自力で選択できるようになると思うからです。したがって私は、良し悪しは別にして、自分の示すディレンマが彼らが直面する経験と一致し、彼らが選択を行う際に役立つかもしれないと考えて、彼らの関心を言葉にしているのです（私の著書は三五の言語に翻訳されています）。私はどの選択肢にも公平な機会を与えることにしています。私の目的は彼らの選択内容を評価することではありません。彼らが自らの選択の道徳的な意味を無視することなく、選択を現実的に評価するよう促すことです。もちろん、それは困難な作業であり、望ましい成果を挙げてきたと言える自信も、今後挙げられると断言する自信もありません。

最初の質問である「そうした主張はどのような方法によって正当化されるのか」に戻ると、その方法は通常の社会学的な主張を行う方法と変わらないと思います。つまり、人間の行動を綿密に観察し、行為者の経験に共感し、そうした行動が行われたり行われなかったりする状況と関連のある選択肢を精査し、それらの選択を左右する環境（もっと正確に言うと、それらの選択の可能性を高めるか減じる環境）について分かっていることと、それらの選択に際して明示される状況を比較対照することによって正当化されると思います。そうした方法を用いることで自らの主張を表明できたり、主張する勇気が湧いてきたり、それを言葉にできたりするのです。

J&T　第二の質問です。なぜ私たちは自問したり、自分たちの行動や生活を疑問視したりする必要があるのでしょうか。ここで、一九三〇年代にジョージ・オーウェル〔イギリスの作家、一九〇三～五〇〕が労働者階級の食事を変えたいと考えた人々を非難していたことを思い出します。一日中懸命に働いた晩の夕食は、好き嫌いや健康にいいかなど二の次で、食べなれたものを口にするだけだとオーウェルは指摘しました。自明なものを疑問視することのない生活のどこに問題があるのでしょうか。

B　オーウェルがそこで問題にしたのは「自問」ではなかった、ということから始めましょう。彼が異議を唱えたのは、私たちが議論したような立場が顧みられずに、言い換えると、人々の状況が検証も理解もされることなく特定の意見が押しつけられ、支持され、促されてしまうことです。「労働者階級の食事を変えたい」と思う人間は労働者階級ではなく、彼らの状況などほとんど理解せず、「労働者階級の立場に立つ」努力などほとんど行っていない、とオーウェルは痛烈に非難しています。オーウェルは「人間の顔が軍靴に踏みつけられる」恐れのある社会、つまりは「全体主義的傾向」があって強制がはびこる社会に戦いを挑んでいました。オーウェルの支持者であり自らも優れた風刺作家でソ連版全体主義を痛烈に批判していたウラジーミル・ヴォイノーヴィチは、（必要に応じた物資の配分が約束される）共産主義が勝利を収めた社会を、人々のニーズのアナウンスで一日が始まる社会であると想像しました。オーウェルが非難したのは、そうした生活のあり方が疑問視されない社会ではありません。そうではなく、一部の人々が、他の人々の意見を求めずに、自らの強制力によって生活の仕方を変えさせる社会だったのです。

自分の生活を批判的に検証することと、他人に生活の仕方を強制することは別問題であり、実際には正反対の事柄です。前者は人間の自由の必須条件であり、後者は人間に自由がないことの表れです。オーウェルは全体主義的色彩に染まった社会、つまり人間に選択の自由を許さない社会を痛烈に非難したのです。私が思うに、社会学の目的は人間の選択の幅を拡げることです。

真のデモクラシーを熱烈に提唱したコルネリュウス・カストリアディス〔ギリシア出身の哲学者、一九二二～九七〕は、私たちの社会が抱える問題と、それが真のデモクラシーとかけ離れてしまった原因は、自らを疑問視しなくなったことだと主張しています。私は彼の見解を全面的に支持します。

J&T　第三の質問です。自分の価値が貶められると、人々は混乱を来し屈辱感を覚えるかもしれません。「これまで大切にしていたのに……」と思うはずです。価値を貶めるのはいいのですが、社会学は代わりに何を提供できるのでしょうか。これは、なぜ人々は社会学に携わるべきなのかをめぐる質問です。

B　価値選択を押しつけることは社会学の仕事ではありません。おまけに、社会学にそんな力はありません。社会学の仕事は価値選択を行いやすくさせたり、社会的に生み出された生活上の諸問題に適切な回答を出さねばならない人々のそばに、それを引き寄せてやることです。社会学はそうした要請に応えるために選択肢を明らかにしたり、責任を明確にしたりする必要があります。社会学の前に立ちはだかっているものは、特定の価値のセットではなく、マーガレット・サッチャーに感化された「これしか選択肢はない」という主張です。この手の主張は今なお、その筋の人々に愛され悪用されています。一つの価値を選択することが道徳的なのは、その結果の責任を引き受ける場合に限ってです。それが他者の状態に大きな影響を及ぼすからです。

他人の価値を貶めることは、あなた方が指摘したように「混乱と屈辱」の元になります。

これまで行われてきて欠陥がない（道徳的にも正しい）と信じられていた行為の欠陥を暴くことは、往々にして屈辱感（早晩回復する一時的な「混乱」とは異なる慢性的な痛みやスティグマ）を与えます。そして、屈辱感を味わうことへの恐怖心は、草の根の原理主義や上意下達型の全体主義の温床となります。いずれも、他人に明かされる前に先手を打って、その割合と自己アイデンティティの内実を問い直す誘惑を断ち切ろうと、コミュニケーションを中断してドアやシャッターを閉じようとする試みです。そうした恐怖心は、極端な原理主義や全体主義にまで至らなくても、他者との出会い（Begegnungen）をすれ違い（Vergegnungen）（マルチン・ブーバーの言葉）の地位に貶め、先入観や偏見にとらわれた主人公の耳を塞がせ、接触や出会いを、中傷や殴り合いや責任転嫁の応酬に変えてしまいます。屈辱を味わうことへの人間的なあまりに人間的な恐怖心は、あらゆる事柄や会話の障害物であると同時に、（手続き上のルールが事前に設定されていない）「非公式性」や、（間違いの可能性を許容する）「開放性」や、（単なる議論というよりは、勝者も敗者も存在せず、誰もが知恵に富んだ行為から登場する）「協力」を阻む障害物です。最近、リチャード・セネット〔米国の社会学者、一九四三〜〕がそのモデルの輪郭を描いているので、社会学はそれを活用して会話のパートナーとの出会いの質を測ればいいと思います。

さて、あなた方の疑問にどう答えたらいいでしょうか。一つだけ方法があります。あなた方は正しいと思います。屈辱感を与えることは確かに残酷です。しかし、それは社会学が自らの仕事と社会的責任に忠実であろうとすれば避けがたいことです。ただし、あらゆる手立てを講じて、その残酷さを和らげ、回避すべきでしょう。セネットのモデルが、それを行うための手がかりになるはずです。

## オルタナティヴな社会学の構想

J&T　『コラテラル・ダメージ』（二〇一一年）の中であなたは、社会学の歴史について簡潔かつ洞察力に富んだ説明を行い、この学問がたえず科学的基礎と正統性を求めてきたと指摘されました。社会学や少なくとも一部の社会学は、その歴史全体を通して、経営的・技術的なメンタリティや、データ信仰、社会的世界とその構成員を客体化する方向に傾きがちだったと批判されていますね。その一方で、あなたは、会話や人間の主体性、道徳的責任、批判と対話を重視するオルタナティヴな社会学を構想されています。数量や証拠や営利的・経営的有用性の論理が支配しつつあるアカデミズムの世界にあって、生き延び成長しつつあるそうした社会学の構想の見通しについて、どうお考えでしょうか。言い換えれば、あなたが主張されているような人間の生活経験との批判的対話や「対話の技法」、さらには、社会学的な知恵が忘れられたり、それに無関心であったり、それに敵対的でさえあるこの世界の中で、そうした社会学の対話はどのように始まるのでしょうか。

B　忘れられることは無理もないことです。私たちの文化は、いわば、(ネット) サーフィンと忘却の文化だからです。無関心であるのも意外なことではありません。私たちは結局、過剰な情報という重荷のためにかがみこんでしまい、休息したり、反省したり、もみ殻から穀物を取り出す機会がほとんどないからです。しかし敵対的とはどういうことでしょうか。この点については簡単に結論は下せません。私は敵対心のそばに潜んでいる歓待の兆候、言い換えると、需要が高まっているのに意識下という地下牢からなかなか抜け出せない歓待の兆候に注目しています。何かに対する敵対心は、実際のところ他のものに対する歓待の兆しなのです。

アカデミズムの状況に関するあなた方の診断は正しいと思います。その規範やタブーに対する批判を欠いた社会学や、最近起こった経営革命の前から経営者に奉仕してきた社会学など「成功しそうなビジネス」に役立とうとする社会学は、「変化する世界の軌道をたどる」プレッシャーなど感じていません。大学の制度がそうしたプレッシャーに対する盾になっているのです。その制度が保証する卒業から昇進、人事、人材供給、自己再生の手続きが確立している社会学は、そういう形式に依存しすぎてしまって、「変化する世界」や、その形式がもたらす需要が失われつつある点に無関心になりがちです。そのことは、まったく異なる研究への需要が高まっていることへの無関心につながります。そうした需要を意識し、現在普及している形式を見直して初めて、社会学は、あなた方が指摘したように、「経営的・技術的メンタリティとデータ偏重」を測る尺度になれるでしょう。規制緩和され、民営化され、個人化されつつあるこの世界では、需要があっても供給されることのない、徹底した「社会的世界とその成員の脱客体化」を念頭に、その研究内容を変更する必要があるのです（あなた方の診断が正しいことをもう一度繰り返しておきます）。

私ができることといえば、巻き添え被害者の不平等をテーマにした『コラテラル・ダメージ』でこの問題に触れたことと、一九七六年の『批判的社会学に向けて *Towards a Critical Sociology*』という小著で提示したことを繰り返すことだけです。

社会学は、その半世紀にわたる歴史の中で経営理性に貢献しようとしたため、自由のない科学・技術として身を立てようとしました。言い換えれば、社会状況を理論的に解明したり、さらに重要なことは、タルコット・パーソンズが「ホッブズ問題」と名づけたものを実践を通じて解明する構想の場となろうとしたのです。ホッブズ問題とは、自由意志という曖昧な資質に恵まれ・呪われた人間をどのように説得し、強制し、教化して、規範に従わせ、操作可能で予測可能な行動を取らせるかという問題です、そしてまた、どのようにして自由意志を他人の意志に従おうとする意志と一致させ、それによって、近代の出発点でエティエンヌ・ラ・ボエシが明らかにした「自発的隷従」を、社会組織の至高の原則にまで高めるかという問題です。ようするに、いかにして人々に、自分たちがしなければならないことを自発的に行わせるかという問題なのです。

　第二次経営革命に支援され、運命によって個人化されたこの社会で、社会学は自由な科学・技術に転換する刺激的で絶好のチャンスを手にしています。リキッド・モダンの時代の法律による個人が、事実上の個人の地位に引き上げられる方法と手段を手にしているのです。あるいは、ジェフリー・アレクサンダーの『現代社会学入門 *A Contemporary*

*Introduction to Sociology*』（二〇〇八）の呼びかけにならえば、社会学の未来、少なくともその近未来は、人間の自由の行使という面での文化政治として生まれ変わり、自らの立場を立て直そうとする努力にかかっています。

それでは、いかにしてそうした転換を図るのか、どんな戦略をとったらよいのでしょうか。その戦略は、ドクサつまりは「常識」との対話を継続しながら、非公式性、開放性、協力という三つの原則を守ることです。これはリチャード・セネットが最近「ヒューマニズム」とその現在の意味に関する論文（二〇一一年夏の *Hedgehog Review* 誌）で示した考え方であり、徹底的に吸収し正確に記憶する必要があります。「非公式性」とは、対話のルールがあらかじめ設定されておらず、対話の中から生じてくるという意味です。「開放性」とは、自らの真理を確信して、（間違った考えを持った）他人を説得することこそ自分の唯一の役目だと考えて対話に入るような人がいないことを指します。さらに「協力」とは、その対話の中で、すべての参加者が教師であると同時に学生である一方、勝者も敗者もいないことを指します。

こうした原則を集団で無視することによって集団で払わなければならない代償は、社会学が（全体として）妥当性を失うことです。

## メタファーの有用性

J&T　社会学の歴史上もっとも著名な研究者の多くがメタファー（隠喩）を好みました。C・ライト・ミルズやアーヴィング・ゴッフマン、ロバート・ニスベットの著作を思い浮かべれば分かると思います。メタファーはあなたの著作でも重要な役目を果たしており、複雑で変化し巨大な可能性を持った世界を航行し組織する方法のように思えます。ひょっとすると、それこそあなたも含めた一部の社会学者がメタファーを非常に魅力的だと考えた理由かもしれませんね。

B　メタファーの正当性と有用性をめぐる論争は、その使用の歴史と同じくらい古いので、その過程で生じた賛否をめぐる議論を蒸し返すのは時間の無駄でしょう。そこで短くまとめることにしますが、そうなると社会科学史家や文献学者には自明の事柄でも、この方面の知識が乏しい人には理解しにくいかもしれません。

メタファーが本領を発揮するのは、グレゴリー・ベイトソン（米国の文化人類学・精神医学研究者、一九〇四〜八〇〕の「学習Ⅲ」の状況です。学習Ⅲとは、既存の概念の網の目が細かすぎたり粗すぎたりして新しい現象をとらえられないため、新たな枠組みに組み立て直して、気づきにくい特徴を際立たせようとする作業のことです（あなた方が列挙したC・ライト・ミルズ、アーヴィング・ゴッフマン、ロバート・ニスベット以外の多くの社会学者もそれを行っています）。そうした作業の中で、あるイメージを喚起するためによく知られている言葉が用いられ、くだんの現象が持つ特徴を直感で把握することができるのです。

メタファーが特別な学派に特有の急場しのぎの方策や戦略でないことや、特異な「文学的」嗜好を持つ人々だけが使用するものでないことは銘記して下さい。メタファーは思考の過程で一連の思考や瞬間を結びつけるものです。それは、新たに記された現象に名前をつける二つの（たった二つの）方法のうちの一方を代表するものです（もう一つの方法は、語彙的な結びつきにとらわれない新たな言葉を作るものです）。頻用されるメタファーは時間の経過とともにその痕跡を失っていき、メタファーとは感じられなくなります。今日、公文書係以外の人は、当初メタファーであった言葉が社会学の基本概念の仲間入りをしたのが比較的最近のことであるという事実に気づきません（権力や、階級、個人、集団、人間関係、社会的紐帯に加えて、「社会」という概念ですら、新たに発達を遂げ、思い描かれた「想像された全体」には、既知の対面的な関係の集団と同じ特徴があるという、当時としては非常に大胆な発想を普及させるために導入されたものだったのです)。

J&T　あなたのお書きになるものは明らかに「随筆風」であり、社会学を実践しその成果を公にするために、メタファーを初めとして、古典や現代文学への言及、文学的なほのめかしなど、文学的な洞察力や手法を頻繁にまたユーモアを込めて使用されています。人間の条件を記述し分析する際にこうした型破りな方法を用いることが、なぜ重要で有益だとお考えなのでしょうか。

B　古代の哲人たちが生きていて私の著作を読んだなら、私のメタファーの使用を軽薄だと非難する人たちの輪に加わるかもしれません。彼ら(プラトンがとくに有名)はメタファーをあまり評価せず、それを真理の追究の領域から追放し、「他人が理解できることを理解する」レトリックの地位に格下げしました。ただし、メタファーの驚くべき認知能力が非常に有益であることには反論しませんでしたが。

古代の人々はメタファーを演説の単なる飾りものと考えていました。内容を明確にするためではなく、「飾り」として用いたのです。バウハウス〔第一次大戦後にドイツで設立された総合的な美術学校の名で、シンプルな機能美を重視した〕の関係者や熱烈なモダニストが建築物の装飾的な部分を一掃したいと考えたように、古代の人々もメタファーを正当化しようとするあらゆる議論を排除しました。彼らがメタファーが果たす唯一の役割と考えたものは、話し手が聞き手を魅了して、鞭うたれるような感情に促されて拍手喝采と承認を得ることでした。

しかし、それはメタファーの役目ではありません。あるいは少なくともメタファーが果たす唯一の役目とは言えません。未知の経験を理解し検証するのに適した概念が必要な場合に、メタファーは重要な役目を果たすのです。メタファーは想像や理解に役立ちます。メタファーは想像の欠かせない足場であり、ことによると、もっとも有効な理解の道具かもしれません。

たとえば、社会学の核となる「社会（society）」という概念が、この新興の社会科学にメタファーとして導入されたことを想い起こしてみましょう。かつては「人の集まり（company）」とほとんど同義で、「交際（companionship）」や「親交（fellowship）」、「仲間たちとの親密な結びつき」という意味だった「社会」という言葉が、少しも「親密」ではなく、必ずしも「友好的」でない抽象的な全体を指すために用いられるようになったのです。そしてこれはすべて、新しくてなじみのない不特定の人々の見えない圧力と服属の由来を確かめ視覚化するためであり、広がりすぎて遠すぎるために「直接」経験できない、言い換えると、直接感覚で確かめられない従属線の見取り図を想像するためでした。「社会」というメタファーを用いることで、未知のものが既知の認知的枠組みに収まり、異質で見知らぬものがそうでなくなるなど、既知の試行済みの言葉を動員することによって良好な成果が得られることが分かったのです。こうした行動は、直接接触できない集団、つまり、「国民国家の内部の人々」という抽象的な全体を「想像の共同体」に編成し直すのに大いに役立ちました。それには、遂行的（ジョン・オースティン〔法哲学者、一七九〇～一八五九〕の発話媒介行為）な機能もありました。つまり、生まれたての近代国家が、その構成員の持つ「失われた共同体」に対するノスタルジーを利用しようとする、いわば「正統性の原初的蓄積」ともいうべき時代のニーズと一致したのです。今では、「社会」の起源がメタファーだったことなど忘れられていて、国家の成員という匿名の集合体に「社会」という言葉が用いられても、それがメタファーだと感じられなくなっています。しかし、そうした事実そのものが、その活用が成果を収めている証拠なのです。

メタファーによって（喩えるものと喩えられる対象を）並列することにはもう一つの効果があります。それはほとんど意図しないものですが、だからといって認知的に無用なものでも有害なものでもありません。並列に当って喩えられる側の特徴の多くは視野の外に置かれます。つまり、（両者は）類似していても、同一ではないのです。類似しているからといって違いがないわけではなく、その違いは無視されて、「レベルの低いリーグに格下げされる」のです。メタファーは「全体を代表する一部」であると同時に、「部分を代表する全体」でもあり、両者の呼び出される場のあり方を変化させます。既存の類似性が記述され露わにされる一方で、新たな「第三の」対象が呼び出されるのです。メタファーによる並列は特権化し差別化する行為であり、一部の特徴にスポットを当てながら、その他の特徴を隠そうとします（「カッコの外に置くのです」）。一部の特徴が重視される一方、その他の特徴は暗黙の裡に軽視され、それとなく、あるいは明らかに前者に注目が集まり、焦点が絞られます。前者の特徴が「第一バイオリンを奏でて」、「全体の調子を整え」、その他の特徴を決定することさえあります。あらゆるケースで、メタファーは、それが包み込もうとする対象の受け止め方を「事前に方向づける〔prejudice 予断を与える〕」のです。

そうした理由からメタファーは還元主義的で、不公平で党派的です。しかし、これは私が思うに、あらゆる認知の譲りがたい特徴です。メタファーが違いを必要とするのは、一般的な特徴にスポットを当てやすくするためです。メタファーが自らの最大の資産のために叱責されたり中傷されたりするのは、皮肉もしくは不幸なことです。メタファーは「重ね合わせ」が持つ欠陥を露わにします。その欠陥とは、言葉と「もの」、知識とその対象の間の取り除けない不均衡のことであり、それは対象の持つ否応なく「解釈される」という性格に由来します。それはすべての認知が抱える限界であり、いったんスポットを当てると、さらなる認知作業にとっての非常に有効な刺激になりますが、気づかれずに終わってしまうと、理解を損ねることになります（たとえば、科学革命の引き金を引いたトーマス・Ｓ・クーン〔一九二二～九六〕の「異常なもの」を思い出して下さい）。認知作業や、変化する経験の知的な同化作業やリサイクル、適切に見直された生活様式を明確化することによって、メタファーによる並列の「残りもの」の中に強力な肥料を見つけることも可能です。一方では、スポットを浴びた区画の周りのかすんだ領域も研究活動にとっての肥沃な場となります。

私が選んで懸命に取り組んでいる社会学は（必ずしも成功を収めているわけではありませんが）、放送作家やディレクター、プロデューサー、舞台監督のためではなく、人生というドラマの演じ手のための社会学であり、彼らが自分たちの経験の解釈や、それに応じて構築し動員する戦略の解釈作業に加わるよう駆り立てられる社会学であり、行為者の選択の幅を広げ、合理的で効果的な選択を行うのを支援する社会学です。社会学の生息地がこうした「漠たる領域」であるがゆえに、メタファーは重要なツールの一つなのです。つまり、メタファーには新たな視野を開いてくれるという非常に重要なメリットがあります。それと同時に限界もあり、無理解につながったり、その無目的性が露わになったりもします。

ゲオルク・ジンメルは、「レンブラント：芸術哲学の一つのエッセイ」の中で、レンブラントの絵画は震えるような曖昧な輪郭線と境界線に満ちているとし、そうした形で従来の絵画の基準を逸脱したことを、対象（人間！）の真の個別性をとらえようとする画家の欲望の表れであると賞賛しました。そうした人間の真の個別性は、多くの人々が共有するがゆえに月並みな「明確な特徴」をいくら積み上げても、決してとらえられるものではありません。人間の経験の描写は、科学的な明確さの基準には合致しないのです（時間的なものであるがゆえに、決して合致しないのです）。しかし、そうなると人間は科学的処理の理想的な対象とはいえません（科学は、人間以外の現実と渡り合ってそれを圧倒し征服し支配する一方、科学自身の自由を人間同士の絆や私たちの行動の自由と切り離しておくために、人間が発明したものなのです）。

美術を対象にしたジンメルのもう一編のエッセー（「人生の断片的な特徴」）は、社会学に当てはめることが可能です。美術が、完全かつすべてを包み込む宇宙を構成することを目的としているとすれば、歴史的に形成されたあらゆる美術がその目的を完遂できないことは明らかである、とジンメルは述べています。つまり、いかなる歴史上の美術もこの世界全体をつかみとることはできないのです（つけ加えれば、それは人間社会が生み出す無限大の可能性を把握し、固定し、封印することができないのです）。メタファーは思考にとって有効です。というのも、目標と実行の弁証法を明らかにしながら、自らが明らかにするものによって脅かされることがないからです。

J&T　一九八〇年代以降、あなたは多くの著書の中で、数多くのメタファーを開発し活用しています。例を挙げれば、多様な社会のあり方（「ソリッドモダン」や「リキッドモダン」）や、世界の中での多層化した経験（「バガボンド」、「旅行者」）、さまざまなタイプの知識人（「立法者や「解釈者」）、さらにはユートピア（「狩猟管理人」、「庭師」、「狩猟」）についてのメタファーなどです。これらのメタファーを用いることで何を期待されているのでしょうか。

どんな分析的な見通しや、科学的なメリットやデメリットが予想できるでしょうか。

B　数学教育の教授アンナ・スファード〔イスラエルのハイファ大学教授〕は「概念の成長に及ぼすメタファーの影響のルーツ」（リン・D・イングリッシュ編『数学的論法――アナロジー、メタファー、イメージ』、一九九七）の中で、キャロル・シールズが書いた『メタファーは死んでいる――そのことを伝えていく』と題するユーモラスな短編を引用しています。この短編に登場するある教授は、文学からメタファーの痕跡を拭い去る方法に触れた後、「だが、悲しいかな、言葉そのものが人間の経験の比喩的な表現であるがゆえに、新たによみがえったこれらのテクストにも……いまだにメタファーの欠陥遺伝子が残っている」と結論づけているそうです。スファードは、一九五五年にマックス・ブラックが「メタファー」という革新的な論文で、「メタファーに関する単純な比較観を決して……特定の言語構築に関する私たちの理解のせい」にはできないと指摘したことに触れ、ブラックが「言いたいのは、ある概念を別の概念のメタファーとして使用する根拠は、これらの二つの概念の単純な類似性には求められそうもない、ということである。類似性はメタファーの受け手の頭の中で生み出されるものであって、それらに元々あるものではない。ブラックのメタファーの相互作用論によって、メタファーが概念を生み出すしくみに関する私たちの理解は変化し、メタファーによる投影の結果ということになる」と述べた後で、次のように結論づけています。

言葉が概念形成の要素であるのは、音が音楽の構成要素であるのと同じである。言葉は既成の考えを把握する単なる道具というより、新たな概念を創造するための媒体である。それは、われわれが自らの経験をまとめるために用いる概念構造の担い手でもある。われわれには、レイコフとジョンソンがイメージ化（あるいは具体化）計画と呼ぶもの――われわれがそれを望む望まないにかかわらず、あるコンテクストから別のコンテクストに言葉を運ぶ言語依存的で（性質上、非命題的であるが）、構造賦課的な構造物――の他に、この世界を納得させる手段がない。概念構造を移植するおかげで、言葉そのものは不断の発展過程に置かれる。有機体と同じように、それは変化と成長を運命づけられており、そのことは遺伝子に書き込まれている。ようするに、今日のメタファー研究のもっとも重要なメッセージの一つは、言語、認識、知識が密接に結びついているということである。

長々と引用したことをお許しください。彼女は私の娘であり、この問題について彼女の方がうまく説明できることがうれしいのです。彼女が明らかにしたこと（彼女の論拠を綿密に検証しても異論の余地のないこと）は、メタファーの助けを借りて考えることは、弁明の必要などないものだということです——人間として生きて生活しているからという理由で弁明する必要がないように。

多くの科学者が必死にあらゆるメタファーの根を断ち、「一般的な」（ようするに、非科学的な）認識や思考との関連性を覆い隠そうとするのは、（避けがたい上に十分予想できる）科学の全般的な傾向といえます。それはプラトンが哲学者に向かって、洞窟から外に出て哲学を民衆の「常識」から区別するよう命じたことにも明らかです（ガストン・バシュラール（フランスの科学哲学者、一八八四〜一九六二）が、近代科学の起源を、あらゆる人々の共通の経験に触れない書物の出現に求めたことはよく知られています）。

科学者は、この点である程度成功を収めました。自らを塀で囲って、部外者（すなわち、一般の人々）の立ち入りを拒む「経験的データ」の領域を設けたことで、普通の生活や経験と結びつきがなく、過去もなければ横の結びつきもない、特注品の科学用語を作ることができたからです。そうした科学にとって、メタファーをなくすことは適切で実行可能なことであり、実践的な面でもメリットがあります。さらに、それによって、常識を追放したことを強調できる点も好都合です。しかし、一般的な経験から切り離された科学が、物質的で感覚的で、技術で武装された確固たる基礎を築き、言説的なメタ構造が不要になるにつれて、「選択的・還元主義的で」「正確さを欠く」メタファーに対する十字軍も急速にその活力やエネルギーを失なっていくことは銘記する必要があります。その結果、数十年前は異端視され非難されていた見解が、今では声高に唱えられています。

そうした見解の最新例を一つ挙げましょう。S・フィニアス・アッパムの「経済学は科学的か？　科学は科学的か？」（*Clinical Review* 2005）という記事がそれです。これは、自然は「野放図な濫費に向かう傾向がある」とするナンシー・カートライトの記述を一歩進めて、「多様な（認知的）目的のために多様な（科学的）モデルを構築する（まさしくメタファーが行うこと）」ようにとのナンシーの呼びかけに、「あらゆる目的に役立つただ一つのモデルなど存在しない」と応じています。アッパムは正しくも、次のように指摘しています。（「普通の人」には近寄れず、未知の経験という安全な隠れ家にこもる）「自然科学」において、「そういう発想は依然として党派的で好戦的な立場とみなされるかもしれないが、人間研究にとってはそれこそまさしく唯一の異論の余地がない選択肢である――なぜならば、人間の行動は、どのモデルに当てはめようとしても大きすぎる上に複雑すぎて予測不能だからである……さまざまなモデルにさまざまな機能があっても、人間の行動の現実のあらゆる変化に完全に対応できるモデルが存在しないのは、そのためである（傍点は著者）」と。

しかし、これこそまさしく、メタファーが（意識的にまた公然と）行うことなのです。だからこそメタファーは、「モデルの一時的な性格に留意せよ」との命令に、自分を中傷するものたちよりも忠実に従い、「もっとも魅力的で有用なモデルに由来する法則を是認しようとする傾向を拒絶する」のです。

近代科学が独立戦争を戦った疾風怒濤（シュトゥルム・ウント・ドラング）の時代や、初期の社会科学が科学の仲間入りをしようとした時代に比べて、私たちがメタファーの使用について無頓着であり、アカデミズムを気取ろうとせず、完璧な目標も持っていなかったことは私も認めます。しかし、それとメタファーを使用するのはその学問が劣っている証拠だというのは別問題です。メタファーを使用することは、「社会学」の名で知られる活動――私たちが主張し獲得するあらゆる権威の唯一の源泉である活動――の対象である人間に対する責任に由来し、その責任を示すものです。それは、偽装を図ったり、現実以上の権威を求めたり、とりわけ、主体（つまりは社会学者）の側に肩入れして、主体と客体の間のコミュニケーション（そうです、主体も客体もともに人間であり、ともに言葉を持っているがゆえに、コミュニケーションが成立するのです）を歪めたりすることを拒否する印です。これは認知的な戦略を選ぶという問題であると同時に、（さらに重要なことは）倫理的な選択でもあり、社会学者の自発的・非自発的、主観的・客観的責任のための責任を想定する決定であり、この仕事に対する道徳的なスタンスとその受益者を想定する行為なのです。

ジークフリート・クラカウアー（ドイツのジャーナリスト、一八八九〜一九六六）は『歴史――永遠のユダヤ人の鏡像』の中で、「偏狭な安全（セキュリティ）」が「コスモポリタンな混乱」に席を譲るにつれて、「地図のない敵意に満ちた空間が広がるとともに方向性が失われ」、「無力感や自暴自棄の感情が広がり」、それが「多数派の動揺を掻き立て、一体感や慰めをもたらす隠れ家に向かわせている」と指摘しています。次に、彼はエラスムスのことを「真理はドグマになった時点で真理でなくなる」と信じていたがゆえに「すべての確固たるものに恐れを抱いていた」と賞賛しています。クラウカウアーが主張するように、「どの議論も、重要問題への決定的な回答ではない」ことを自覚しながら、「それに従いさえすれば、その原因をつきとめ、処理できるような考え方や生き方、つまり、適切な言葉がないので人間的と呼ばざるをえない考え方や生き方」を求める必要があるのです。

さて、今日の読者はショックを受けると思いますが、以上のように述べたからといって、メタファーによって思考するメリットは絶対にあると言いたいわけではありません。それともあるのでしょうか。

J&T あなたは、現代の状況を把握するために「リキッド・モダニティ」というメタファーを提示されました。最近のあなたのお仕事を拝見すると、まだこのメタファーにこだわっておられますね。さらに、法学や犯罪学、レジャー研究、社会学、人類学、ソーシャルワーク、スポーツ学、宗教学など、さまざまな分野の研究者がこの言葉を自らの著作の分析枠組みに採用しています。なぜこの言葉は現代社会の記述や分析や診断にそれほど有用なのでしょうか。「リキッド・モダニティ」という概念がこれほど多くの用途に用いられていることに、あなたは驚いていますか。

B 一〇年以上前、私が「リキッド（液状）」というメタファーを現在の生活形態に応用しようとした際に私の頭を離れなかった一つの謎が、リキッド・モダンの下での人間の条件にまつわる問題でした。それはやがて訪れるものの暗示であり、その先駆的な姿なのか。それともやがて訪れるものの前兆なのか。はたまた、人間の一体性という問題に対する、一時的でうつろいやすくて、未完成で、不完全で、一貫性のない暫定的な解決策なのか、それとも、実行可能で永続性のある完全で一貫性のある回答なのか。

私はまだその回答を見つけてはいませんが、次のように推測しています。キースがアントニオ・グラムシの言葉を引用して述べたように、私たちはもっか「空位の時代」を生きています。つまり、従来の方法が機能しなくなり、これまで学んだり継承してきた生活モデルが現在の人間の条件に合わなくなっているのに、新たな課題に取り組む方法や、新たな条件に合った生活モデルが開発されておらず、機能していない状態です。どの既存の形態や状況が「リキッド化されていて」、置き換えるべきか分からないのに、あらゆるものが批判の対象となり、置き換えられそうな状態にあります。

非常に重要なことは、これまでと違って、どの「目的地」に向かうのか明確なイメージがないことです――その目的地はグローバル社会や経済・政治・司法のモデルになるものです。代わりに私たちは、暗闇の中で新たな困難に対応し、実験を重ね、模索している段階です。石炭火力発電所を原発に置き換えて二酸化炭素を減らそうとしても、チェルノブイリとフクシマの亡霊を呼び出すだけです。むしろ私たちは（認めるのを拒んでいる多くの人々は）、そうしたことを行う権力（それを行う能力）が政治（何を行う必要があり、優先すべきかを決める能力）から切り離されてしまった結果、「何をすべきか」をめぐる混乱に加えて、「誰がそれを行うか」をめぐって暗闇の中にいる状態です。国民国家の枠内に閉じ込められていた従来型の集合行動の唯一の行為主体は、私たちが抱える問題のグローバルな広がりを考えると、明らかに不適切です。

もちろん、私たちは過去のどの世代よりもモダンであり、モダンである「私たち」の数は急増しています。今や地球上のあらゆる場所の大半の人々がモダンだと言えるでしょう……。そしてそれは今や、数十年前と違って、地球上のあらゆる地域がわずかな例外を除いて、強迫的でとめどない「近代化」に見舞われ、継続的に余剰な人間を産み出し、それが引き起こす社会的な緊張も含めたすべてが、その流れに従っていることを意味します。

近代的な生活形態はさまざまな面で多様性に富んでいますが、共通しているのはその脆弱性、一時性、絶えまない変化です。「モダンである」ことは強迫的に近代化することを意味し、アイデンティティを変えずにただ「存在する」のではなく、常に「何かになろうとし」、完成を避け、規定されない状態にあることです。時代遅れで賞味期限切れとされた構造と入れ替わった新たな構造にしても一時しのぎにすぎず、「追って通知するまで」のものとみなされます。どの段階でも常に「何かの後」という形で存在することが、モダニティ（近代性）の大きな特徴です。時間の経過とともに、「モダニティ」は伝説に登場するプロテウスのようにその姿を変えます。かつて（誤って）ポスト・モダニティと呼ばれたものや、私がより明確に「リキッド・モダニティ」と呼んだものは、変化は恒久的なものであらざるをえず、不確かなものは不確かであらざるをえないという確信に基づいています。一〇〇年前、「モダンであること」は「最後の完成状態」を目指すという意味でした。しかし今や、それは無限の改良を意味し、「最終的な状態」など視野に入っておらず、望まれてもいません。

かつても今でも、私はソリッド（固体的）なものとリキッドなものを二項対立だとは考えていません。この二つの条件は弁証法的な絆によって密接に結びついているのだと思います（この絆は、フランソワ・リオタール（フランスの哲学者、一九二四〜九八）が、まずもってポストモダンでなければ本当のモダンではありえないと述べたとき、念頭にあったものです）。結局、リキッド化の引き金を引き、駆動させ、促したものは、ものごとや状態のソリッド化なのです。リキッドなものはソリッド化の敵対者ではなくその結果であり、ソリッドの側が親子関係を否定しても、その嫡子であるのは間違いありません。同じように、冷却や萎縮や投棄や鋳造を促したものは、形のないものの流出や漏出でした。もしも、「ソリッド」モダニティと「リキッド」モダニティの段階（この順で生じる）の違いと思われるものがあるとすれば、それは、その作動力の背後にある顕在的な目的と潜在的な目的の変化です。

ソリッドなものが溶解したそもそもの原因は、ソリッドなものへの怒りではなく、既存のソリッドなものが持つソリッドさへの不満にあります。伝えられるソリッドなものは十分固まっておらず、秩序を重視し強迫的なほど秩序構築的な近代的権力の側からみると、変化に対する抵抗が不十分で、変化を免れないことが判明しました。しかし、やがて（そして今日までに）ソリッドなものはリキッドなマグマが一時的に凝固した状態、つまり最終的な決着ではなく、一時的な妥協と考えられるようになりました。追求すべき理想的条件としてのソリッドな状態は柔軟な状態に席を譲ったのです。あらゆるソリッドなものは（一時的に望まれるものも含めて）、必要に応じてまた素直にリキッド化する場合に限って許容されるのです。耐久性のあるものを集めてソリッド化させ始める前の段階から、適切な溶解技術を身につけていなければなりません。建設作業にとりかかる前に、建造物を廃棄する権利と能力の保証書を提出しなければならないのです。十分「生物分解性がある」（完成した瞬間から解体し始める）建造物こそ今では理想であると同時に標準規格であり、ほとんどの建造物がそれにならおうとしています。

簡単に言うと、「ソリッド」段階のモダニティの核心が未来をコントロールし、固定化することだったとすれば、「リキッド」段階の主要な関心事は、将来を保証するのを避けたり、未知で予測不能で将来生じるかもしれないチャンスを先取りするのを回避したりすることに移ったのです。フリードリッヒ・ニーチェのスポークスマンであるツァラトゥストラは、そうした人間の条件を予想し、「現在という瞬間の遅滞」を嘆きました。そうした遅滞によって、過去の業績や悪行から成る分厚くて重い堆積物を背負った「意志」が、その重みに押しつぶされて「歯ぎしりし」、うめき声を発する恐れがあったからです。ものが固まりすぎて分解できなくなったり、長逗留しすぎたり、手足を拘束されてしまう恐れや、ファウストのように、地獄まで追いかけてしまう恐れ、美しい時間をつかまえて、ずっと逃さないようにしたいという間違った願望――こうしたことへの恐怖心は、リキッド・モダンへの移行期に、ジャン＝ポール・サルトルによって、歴史の主な起動力と正確に記述されました。このような恐れは、実際にはモダニティの到来が迫っている印でした。そして私たちなら、そうした事態を完全なまた本当の歴史的なパラダイムの分水嶺とみなすかもしれません。

もちろん、モダニティ全体は、私が何度も繰り返してきたように、その強迫的な近代化という点で先行する時代と一線を画しています。おまけに、近代化はリキッド化、溶解を意味しています。ところが、ところがです。当初、近代的精神が優先した事柄は、溶解させる技術（ほとんどのソリッドな構造は形態を保つ能力がないために溶け出したように見えた）ではなく、溶けた金属を注ぐ鋳型の設計と、それを保つための技術でした。近代的精神はすでに完成していました。望まれていた完成状態は懸命に努力した後に訪れるものであり、それ以上の変化はすべて悪い方向に向かう変化に他なりませんでした。当初、変化は安定と平穏な時代や、癒しと余暇の時代に向かうための下準備や暫定的な現象とみなされていました。またそれは古くて、錆びついていて、腐食し、粉々になり、信頼がおけず、まったく劣った構造や枠組みや取り決めの状態から、注文であつらえた究極の完全なもの（防風機能や防水機能、防歴史機能つきの）に入れ替わる移行期間に限られた現象とみなされたのです。変化はいわば、地平線にある素晴らしい理想郷へと向かう運動でした。その理想郷は、（タルコット・パーソンズの近代の目的に関する壮大な全体像を想い起こせば）あらゆる混乱の中から勝ち誇ったように現われ、どんなことが起きても元の状態に戻ることができる「自己平衡的な」秩序であり、徹底的かつ取り消し不能な「確率の非対称化」（一部の出来事の確率を最大化し、その他の確率を最小化する）によってもたらされる秩序でした。変化は、事故や偶然、混沌、曖昧さ、アンビバレンス、流動性、その他、秩序形成の破綻や悪夢と同じような一時的な中断とみなされ（て対処され）ました。それが何らかの目的を持ったものでないことは明らかでした（今では、順序が逆で、リチャード・セネットが述べているように、完全に成長可能な組織がその成長性を証明するだけで手一杯の状態です）。

## リキッド・モダニティの行き着く先

J&T　今日のリキッド・モダニティに関するあなたの分析や診断は、カール・マルクスとフリードリッヒ・エンゲルスの「あらゆる堅固なものが溶けて消失する」という鋭い指摘を髣髴させると同時に、マックス・ヴェーバーの洞察力に溢れた「合理性という鉄の檻」という陰鬱なイメージを想起させます。あなたはかつて、社会学者はいかにして自らの研究対象である人間世界を解釈し記述するかという問題にコメントした際、「私たちはプレモダン、次にモダン、さらにポストモダン世界という順に生きているわけではない。

これらの三つの「世界」はすべて単一の生命過程（われわれがコントロール可能な一貫性のあるものにしようと全力を尽くす）の多様な側面を抽象化し理念化したものに他ならない」（*Mortality, Immortality and Other Life Strategies*, 1992より）と述べていました。「リキッド・モダニティ」という言葉は現代社会の複雑さを把握するための一つの知的な枠組みであり、形のない世界に形を与える学問的な抽象化に他なりません。にもかかわらず、それを理念化する知的な試みや実生活の中から、何が生じるのだろうかという疑問が起きます。ようするに、リキッド・モダニティの行き着く先で私たちを待ち受けているものは何なのでしょうか。未来をのぞき込んだり、次の角を曲がると何が待っているのか予測する力は自分にないとされていたことを承知の上でお尋ねしますが、あなたはこの種のことに思いをめぐらしたり、検討されたりしたことはないのでしょうか。

B　私たち社会学者は、リキッド・モダンの条件下で生きる方法に加えて、そうした生活方法がもたらす困難に直面する同輩を支援しようと、それを把握する方法や、それに伴う課題を再構築する方法を深くまた懸命に追求してきました。しかし、それがどこに向かうかについては、私たちの会話の開始時点よりも明確になったわけではなく、人々が遭遇した予期せぬ出来事と遠く隔たっているのが現実です。これがあなた方の質問に対する精一杯の回答であり、私が明確にし、提供することのできる唯一の回答かもしれません。

キースの言葉にならえば、私たちの時代は「空位の時代」であり、旧来の方法が合わないことが日々明らかになる一方、それに替わる新しくてもっと有効な方法がまだ検討されていない段階です。これは何かが起こりそうな時代ですが、何が行われるかは不明であり、少なくともかなりの成功確率があるとは言いがたい時代です。そうした条件の下で進行方向（そして到着するはずの行き先について）を予測するのは無責任であり、誤解の元です。というのも、リキッド・モダンにまつわる問題のルーツに迫る有意義な行動をとるのは不可能であり、それを開始し成果を収める行為主体の不在が、その制約となっているからです。

これは、私たちが試みを止めるべきだという意味ではなく、決して止めないようにしながら、あらゆる継続的な試みを暫定的とみなす必要があるという意味です。つまり、私たちの置かれた窮地の「行き着く先」や「その解決策」が表明される前に、もう一度実験し、徹底した調査を行う必要があるのです。

J&T　社会学は常に言葉つまり書物や記事や講義と結びついてきました。しかし、現在は視覚的なものが支配しつつある時代です。社会学の実践にとってこのことは何を意味するのでしょうか。社会学は言葉との結びつきを維持しながら、視覚的なものに代わるものを提供すべきでしょうか、それとも現代文化のそれと密接に寄り添う形で会話に関わろうとすべきでしょうか。

B　おっしゃるように、若者たちはイメージが溢れる一方で、言葉が少ない世界で育ちました（言葉も短くなる傾向があり、無音節で母音がなかったりします）。社会学がその解釈学的な作業ゆえに、「言葉」と「結びついて」いることは確かです（それ自体は悪いことではありません。言葉はイメージを喚起する能力を発達させるのに役立つからです。イメージは全体として冗長なものを減らしたり、完全なものにしたりします）。しかし、聞き手の想像力に訴え、イメージを喚起する瑞々しい言葉（「官能的な」とも言えるでしょう）がある一方で、抽象的な概念の宇宙で生まれては消えていく、干からびた言葉もあります。そうした世界では、イメージはその感情に訴える力ゆえに歓迎されず、そうした世界に入ろうとすると、追い立てられてしまいます。

その辛辣で巧妙なアフォリズムが近代精神の誕生と結びついていたゲオルク・クリスト

フ・リヒテンベルク〔一七四二〜九九〕は、人間界にイメージが溢れて人間の言語能力を凌駕するかなり前の段階からその困難を予見し、次のように述べています。「言葉で表現される感覚は言葉で説明される音楽と同じである。つまり、われわれが用いる表現は、表現されるものと完全に一致することはない。読者の共感を掻き立てたい詩人は、彼らに一つの絵画を提示し、それを媒介として、表現されたものへと導く。描かれた景色は直接喜びを与えるが、詩の言葉によって称えられるものについては、まず読者自身が頭の中に思い描かなければならない……」と。

## 誰に向けて語るべきか

J&T　今日の社会学がその創世記の時代とはまったく異なるリキッド・モダンの社会に棲息していることに同意するとして、それでは、現在の社会学はどんな人々に語りかけるのかという疑問が湧いてきます。さらに、「ソリッド」モダニティから「リキッド」モダニティへの変容に伴って、それらの人々も変化しているのかという疑問が湧くかもしれません。こうした時代にあって、社会学者の言葉に耳を傾け、そこから学ぼうとするのは誰なのか。そして、現代文化の中でその聞き方は変わったのか。たとえば、今日の学生はあまり読書に関心がないようですが、インターネットを検索したり、ポッドキャストを聴いたりすることには熱心で、イヤホンによって外の世界を完全に遮断しています。こうした状況は社会学にどんな影響を与えるでしょうか。

B　社会学はその創世期、近代のプロジェクトと秩序構築に寄与しようとしました。社会学は自らの役割を、タルコット・パーソンズ〔米国の社会学者、一九〇二〜七九〕の「ホッブズ問題」を解決する社会的取り決めの設計にあるとしました。前にも説明しましたが、「ホッブズ問題」とは、自由意志という曖昧で放縦な資質を備えたことで、祝福されると同時に呪われることになった人間をどのように誘導し、強制し、教示し、規範に従わせるかという問題です。言い換えれば、人々をどのようにして秩序ある予測可能な行動の道筋に導くか、彼らにどう、するべきことや、するよう強制されていることを自発的に行わせるか、という問題です。社会学は、当時いわば「自由のない科学技術」だったのです。

個人化が進むリキッド・モダンの社会において（そこでは、社会的に生み出された問題の解決は否応なく社会的な権力から個々の男女にゆだねられつつあります）、社会学には自由な科学技術に転じるチャンスがめぐってきました（ただし、それ以上でないのも確かです！）。自由な科学技術とは、リキッド・モダンの時代における法令による個人を、選択と事実上の個人の地位に引き上げる方法と手段についての知識のことです。これは私が何度も繰り返しているように一つのチャンスですが、道徳的な義務でもあります。つまりそれは社会学が私たちの時代の男女に対して負っている責務なのです。しかし、この道徳的な義務を立派に果たすために、社会学は今日、これらの男女の日々の経験と継続的に対話を重ねる必要があります。

私たち社会学者がこうした対話で果たすべき役割は、既知のものを未知のものにし（その自明性の正体を暴き）、未知のものを既知のものにする（慣らして管理できるようにする）ことです。この二つの役割を果たすためには、さまざまな影響力や依存関係を明らかにするスキルが必要です。それらの影響力と依存は、人々が互いの資源を動員しリスクを冒しながら個人として取り組むよう要請される課題に直面した場合に、対処する必要があるものです。

私が考える対話は困難な技術です。それには次のような条件が必要です。議論に勝つためや自分の思い通りにするためではなく、問題をともに明らかにするためにパートナーを会話に参加させること、意見の数を減らすのではなく増やすこと、あらゆる代替案を無視したり排除したりするのではなく、可能性を広げること、代替案を打ち負かそうとするのではなく、ともに理解しようとすること、などです――会話は停止させようとするのではなく、継続させようとすることで活性化されるのです。この技をマスターするには非常に時間がかかりますが、それを実施するのに比べればはるかに楽です。それには、専門性という特権を放棄し、誤りとみなされる危険性に我が身をさらす謙虚さが求められます。

そうした転換に伴う「困難さ」や「障害物」の中でも際立った懸念材料が「あるプロセスの中で技術的な質を失う危険性」です。私たちの研究対象である人間が対話のパートナーでもあるということになると、社会学者は、彼らのニーズを叶え彼らの窮状に応えるための対話に際して、人間を対象としない科学が享受している快適な環境を失うことになります。つまり、研究対象が持っている意見を無視して、意味創造や真理と非真理を分ける作業に際して「専門家としての」主権を行使する特権を失うのです。その結果、社会学という学問の技術的な「質」は新たな意味を帯びることになります。それは対話を伴うものとなり、その質は、研究者自身の資質よりも、相互理解の進展の度合いや、研究対象の関心や任務との関連性によって測られることになるのです。一部の人から「技術的な質の喪失」と誤解されているものは、解釈権の独占の喪失（あるいは自発的な放棄）のことであり、「対象」を彼らと共有しているという合意の喪失のことに他なりません。

社会学者が他に関わることになる教育（一般的なコミュニケーション、具体的には対話と相互的な教育を分ける線は固定しておらず、明確でもなく、交渉不能でもない）の最終目標は、会話の相手に生活のための会話を準備させることであり、また私が実践してきた社会学は、学生たちに、彼らが生きざるを得ない社会や、形成されつつ形成する社会の中で生きる準備をさせようとするものです。すでに個人性を宣告されている学生たちは、今後、自らを運命による個人から事実上の個人の地位に引き上げる必要があります。それによって自己主張を行い、自分が送りたいと望む生き方を選択し、その選択に従って生きるのです。社会学は、こうした努力が何をもたらすのか、もたらさざるを得ないのかを彼らに気づかせ、それによって彼らの選択の幅を広げ、さらには彼らの自由という理想に寄与しているのです。

J&T　そうすると、社会学にとっての公衆は社会学によって生み出されるのでしょうか。それは社会学は必然的に公衆と結びつくが、必ずしも社会科学の主唱者によって要請される公衆と結びつくわけではないという意味ですか。

B　マイケル・ブラウォイ〔米国の社会学者〕は、社会学は公共領域との結びつきを失っていると警鐘を鳴らしました。私も彼にならって、経営理性に奉仕しようとしたアカデミックな社会学は、進行中の「経営革命マークII」の過程で放棄され「補助的な」役割を背負わされた個人から成る、根本的に異なる公衆の出現に適切に対処できなくなっている、と指摘したことがあります。社会学の徹底した再調整（その課題や諸問題、戦略、目標、用語についての）が今や文字通りこの学問の生死に関わる問題となっているとも指摘しました。求められているのは、自由のない科学技術から自由の科学技術へとその立場と性格を変えることです。これが困難な課題であるのは確かです。しかし、社会学を前例のないほど多くの公衆に開放し、例を見ないような公的な需要に応えることはできるはずです。

J&T　『ポストモダニティとその不満 *Postmodernity and Its Discontents*』（一九九七）など、あなたの最近の著作には過去を懐かしむような気配が漂っており、そうした中で、今日の社会情勢を非難しているように見えます。あなたの著作にノスタルジーの雰囲気が漂っているという指摘に同意されますか。社会学においてノスタルジーは何らかの機能を果たしているとお考えですか。

Ｂ　人間の条件にまつわる難題への最適の解決策ともいえる、人間の一体感を調整する方策は、過去にも現在にも存在しません。また、どのような基準を用いようとも、直線的な歴史というイメージは、（事後報告としての）還元主義や（将来予測としての）ユートピア的夢想の産物に他なりません。再調整の繰り返しが描く軌道は直線というより振り子を想起させるものです。調整のたびに両立しがたい要請の和解が図られますが、そうした努力も通常、ある部分を断念して別の部分を満足させる結果に終わります。次の段階では、失われた「よいもの」よりもよいものがもたらされますが、その「よいもの」、本当に不可欠なものも、別のものを犠牲にしたものであることが、後に明らかになります（その「よさ」にしても、それが「自明」かあるいは目に見えない限り気づかれないままに終わります）。逆の言い方をすれば、改良するたびに新たな欠陥が見つかるのです（あるいは逆に古いものの再評価が行われます）。フリードリッヒ・ヴィルヘルム・シェリング〔ドイツの哲学者、一七七五〜一八五四〕が二世紀あまり前に述べたように、追憶は何かが終わった時点で始まりを「振り返ったときに生じる強い想い」です。どこが始まりなのかは終わるまで不明であり、何が前例なのかもその結果によって初めて明らかになります。「不明」なものが「顕わ」になるのは一回限りの出来事ではなく、原則として永遠のプロセスであり、そして「過去」はその定義とは逆に、その結果と同じくらい自動的で、その内容の再編と再評価を繰り返すのです。

長年にわたり、私はジークムント・フロイトにならって「文明（社会秩序を意味する）」はトレードオフ（相殺）であり、ある価値は他の価値の犠牲になると繰り返してきました（通常、数が多すぎる価値は、供給不足と感じられる価値をもっと多く得るために放棄される運命にあります）。こうした点から、システムの変化はトレードオフの連続であると言えるでしょう。「ソリッド」な近代生活から「リキッド」なそれへの移行は、フロイトが近代への移行の中で記したトレードオフを反転させたものです。振り返って考えると、アンシャンレジーム（前近代の秩序）の解体後の数世紀は、粉々になった安全を回復する（異なるレベルと異なる手段による）方向への長い行進と呼ぶべきものでした。私たちは現在、別の長い行進のさなかにあり、今度は安全への長い行進の途中で個人の自由に課せられたさまざまな制約（規範による規制や監視による厳しくて包括的な制約）を取り払う方向に向かっています。この新たな「長い行進」が前の行進よりはるかに短かそうなことは銘記しておきましょう。しかし、古い価値が回帰する兆しが急速に増しています。個人の（物質的、身体的な）安全のために個人の自由を犠牲にしそうな兆しがみられるのです。この新たな傾向はフロイトが述べた安全を優先する流れへの回帰というよりは、振り子が安全と自由（さらには堅固さと柔軟性、確定と変更可能性、抑制と野放図）の間をもう一度反転して安全に向かっている表れと言えます。

あなた方が「ノスタルジー」と考えるものはおそらく、新たなトレードオフの費用が決算期末の時点でようやく計算される、不愉快でも避けられない事実の表れではないでしょうか。私が『近代とホロコースト』と『モダニティとアンビバレンス *Modernity and Ambivalence*』の中で明らかにしようとした「秩序への飛躍」のためには、膨大で恐ろしいほどの犠牲を払わなければなりませんでした。しかし、それは異論の余地のない人間の一体性が明確になり完璧になるとされる「ソリッド」モダニティの特徴を修復するという意味ではありません。繰り返しますが、調整のたびに欠陥が露わになります――そしてそれぞれは自らの善悪という点から評価される必要があります。そして歴史が「振り子状」の軌道を描くがゆえに、混乱に満ちた「前進と後退」や「ユートピア」と「ノスタルジア」の間の密接な関係は事実上避けがたいものなのです。

J&T　著者は自分の著書が世に出た後でもその内容をコントロールすべきでしょうか。その著書が著者の立場から政治的あるいは倫理的にまったく受け入れられないような形で解釈された場合は、どう対処すべきでしょうか。私たち著述家としての社会学者はひたすらそれを受け入れなければならないのでしょうか。

B　それを止める手立てはありません。部分的もしくは満足のいく結果を収めるチャンスがあるとも言えないでしょう。著書を公にすることは、テクストを（見知らぬ、完全には予測もコントロールもできない）運命の人質に差し出すことです。いったん書き手の手元を離れたメッセージは自立することになります。コミュニケーションでは、話し手が意図する意味と聞き手が受け取る意味は結びついていても、聞き手の解釈が話し手の意図した意味に完全に支配されることなどありえません。それに続いて起こる議論においても、著者の側に読者の解釈を上回るほどの権威があるわけではありません。なぜなら、新たに生まれた意味は通常、テクストと、読者の多様な経験によって形成された認知的枠組みの間の相互作用の賜物であるからです。

「著述家としての社会学者」は、自らのメッセージをコントロールできなくなる可能性を「抱えながら生きていることを自覚しなければならない」というあなた方の意見は正しいと思います。しかし、たとえ生きた言葉が持つ曖昧さゆえに議論を完全に排除できなくても、責任感のある著述家の義務は、自らの表現力を磨いて、できるだけ曖昧さをなくすことだと思います。実際のところ、「著者がまったく受け入れがたいと考える」解釈がなされた場合でも、著者の側が非難できるのは、読み手の側の解釈の不正確さや曖昧さ、ずさんさだけです。

# 第4章　社会学はいかにして達成されるか

J&T　社会学にはどんな役割があるのでしょうか。

B　社会学は、方法論に忠実かどうかで評価されるのではなく、人々の経験や彼らが抱える生活上の諸問題との取り組みが適切かどうかで評価されるべきだと思います。著名な同僚たちではなく、それ以外の一般の人々に語りかけようとすると、罠にかかったり奇襲を受けたりする危険があります。それでも、私たちの仕事の本当の享受者は一般の人々です。彼らが私たちの仕事に意義や有用性やメリットを見出してくれるか、それとも社会学が公共圏との接点を失う恐れが現実のものとなり、私たちの仕事がまったく無意味になるかのいずれかです。私が思うに、一般的な日常生活の経験との関連性こそ、私たち社会学者を「公共圏」と結びつける唯一の絆です。

## 社会学は真剣に受け止めてもらえるか

J&T　最近、一人の洞察力のある学生が（「生意気なやつ」と呼ぶ人もいるかもしれませんが）試験の際に、「今日の社会学が直面する最大の課題はいかに真剣に受け止めてもらえるかです」と語りました。この意見に賛成ですか。それとも、社会学には他にもっと重要な課題があるとお考えでしょうか。

B　承知の上かどうかは知りませんが、その学生は二つ（あるいは三つ）の疑問を一つに集約しています。一つは、日常的なテーマについての社会学の解釈は真剣に受け止められるかであり、もう一つは、社会学が解釈する事柄は真剣に受け止められるかです。この二つの疑問の下に隠れていて、その学生を駆り立てている三つめの疑問は、社会学的解釈の対象であると同時に、その恩恵を受ける私たちは、社会学が発するメッセージを真剣に受け止められるか、真剣に受け止める傾向があるかです。以上の三つの疑問のうち、他の二つの疑問を含み想定している一つめの疑問だけが、その学生が考えたように、社会学的スキルに焦点を合わせ、社会学的実践に目を向け、その欠陥を列挙し、有効な治療法を提示する必要性と結びついています。しかし、二つめの疑問やとくに三つめの疑問は、社会学的実践に携わる人々と、その自己批判や改革、自己治癒能力で解決できる範囲をはるかに超えています。

「社会学を真剣に受け止める」ことと、他のあらゆる学問を真剣に受け止めること——中傷し合うような意見が多いこの世界で、専門性の強みを生かしながら真剣に受け止めること——の間に根本的な違いはありません。「根本的な」違いはありませんが、社会学が「常識」との対話であるがゆえに、言い換えれば、研究対象も社会学的研究のテーマについて一定の関心や知識を持っているという社会学の特性ゆえに、他の制度化された科学を上回る困難を抱えていると思います。社会学者とその研究対象（同じ人間）は「同じ」経験に関する物語を語るのであって、社会学の「職人」が語る物語の方が重んじられる理由はとくにありません。物理学者や地質学者、天文学者が語る物語はそれとは違って、（経験に乏しく、公認されていない）一般の男女の生活経験とはかけ離れた対象や出来事について語っているので、専門家以外のチェックを受ける必要はありません。ところが、社会学の場合、信用を託された「専門家」と「素人」（専門的な権威を後ろ盾にして語ることを許されていない人）を分ける線は他の学問よりはるかに細く、大きな議論の対象になりやすく、解決することも困難です。

研究対象に関する知識とその対象自身が持っている知識の間に差がないことが社会学の特徴であり、「真剣に受け止められる」妨げになるものです。もう一つの問題はそれほど特徴的なものではありませんが、社会学がどの程度真剣に受け止められるかに跳ね返ってくるものです。つまり、その研究テーマは真剣に受け止めるに値するかという問題です。この問題は研究対象である現実が持つ信頼性のなさ（流動性、一貫性の欠如、偶発性）に由来するものです。リキッド・モダンの状況下の生活では、送付したメッセージの信頼性を保証する期間が短いことが予想されます（あるいは少なくともそう思われます）。異端と迷信の違いや、「時代に先んじて」発せられる真理と時代に遅れた真理の隔たり、さらには、成功のための処方箋と失敗のレシピの距離、先端技術とがらくたの差が恐ろしいほど小さい上に、いっそう小さくなる兆しがあるのです。

学生の方は次のことに留意して下さい。獲得した知識や身につけた習慣にしがみつくのはトラブルの元です。シニカルな態度や、適切な距離を保って深入りを避けること、真理の寿命が「追って通知があるまで」であることに気づく必要があります。カメレオンや万華鏡のように変化する「社会的なもの」についての知識の領域ほど、このアドバイスが当てはまる分野はありません。社会組織の苦しみはその誕生の日から始まりますが、ファッションや、公的な関心と一般の人々の渇望や恐怖心の対象、「噂話やゴシップ」、「唯一の選択肢」についても、それが当てはまります。道標が示す行き先に到達する前に、その道標は移動してしまっています。そうした経験が蓄積すると、未来の状態についての予測はもちろんのこと、「世界の状態」に関する報告を真剣に受けとめようとしてもリスクが伴います。ことの良し悪しは別にして、私たちの同時代人は柔軟性という技を身につけています。つまりはリキッド・モダニティの下で人気のある価値に加えて、「信頼できる筋から支持され推薦される」技を身につけているのです。

そこで三つめの疑問に移ることにします。この疑問は現在もっとも検討が不十分で、満足のいく回答がないものです。私たちにははたして、情報の渦のみならず、それが警鐘を鳴らしている状況そのものを、それに伴う責任も含めて、真剣に受け止める力はあるのでしょうか。私たちは情報の洪水とその結果としての「二次的な無知」（知識不足による無知ではなく、過剰な知識を消化できず同化できないがゆえの無知）に圧倒されているだけでなく、無力感も味わっています（大惨事が迫っているのを知りながら避けられないという意味で）。何を行ってもほとんど効果はなく、長く関わるのは資源やエネルギーの無駄だという理由から、私たちは確固たる立場を貫いて辛抱強く主張しようとはせず、とどまり続けようともしないのではないでしょうか。私たちが議論してきた要素の多くがこの「訓練された無能力」――そして、現在の社会的現実の他のあらゆる側面以上に行為主体の危機――を促しているのかもしれません。そうした社会的現実とその編成や再生に果たす行為主体（人間）の役割を把握し、記録し、理解する闘いの前線にいる社会学は、他の学問分野以上にその影響を感じているかもしれません。どのようなケースでも、あるメッセージに有罪宣告を下せば、それはメッセージを発する人にも跳ね返ってくるのです。

J&T　社会学にはそうした広範な対話に入る潜在能力が備わっているかもしれません。しかし、それを実現しているのは都市の麻薬乱用に関する研究などではなく、ほんの一部の社会学、つまりは、あなたの社会学だけです。したがって、たとえ社会学にそういう能力があっても、その能力を発揮する正当性があるとされる社会学者だけが専門家の地位を確保しているのです。ここに矛盾はないのでしょうか。こうした言い方は語弊があるかもしれませんが、最近あなたは数多くの権威ある賞を受賞されており、それによって知識人や社会学者としての権威を手にしています。その権威は、あなたが発信するメッセージや、あなたが行う対話の妨げにならないのでしょうか。

B　いいえ、そんなことは重要ではありません……。重要なのは、社会学者が語りかけている対象が自らの問題を社会学者と同じように認識しているかどうかであり、そのコミュニケーションが本当に対等なものか、「荒れ野で叫ぶ声」になっていないかどうかです。仮に社会学者が社会学的問題を苦境に陥っている人々の感情に寄り添う形で提示できても、人々がそれを言葉にし理解するのは困難でしょう――知識を身につけて行動することは人間の自由や自律と等価であり、無知な状態よりましだとする啓蒙思想の考えに反対する理由はありませんが。次に重要なのは、私たちの活動を取巻く状況を読み解く際に見逃してしまいがちな要素を提示することであり、ことによると、それは旧世代の社会学者が成し遂げたものよりはるかに重要かもしれません。

しかし、しばらくの間、私たちがこれまで議論してきたことに戻ることにします。その問題についてはまだ決着がついておらず、二つのまったく性格の異なる社会学が今後も共存し続ける可能性があります。トーマス・S・クーンは、科学革命について説明しながら、知識の蓄積はあらゆる学問分野で滑らかに均一に共時的に進むわけではないと力説しています。通常、改革の動きが起こるとそれに反対する動きも生じ、新たな知識が吸収される過程で亀裂や忠誠心の分裂が起きたり、正統と異端の争いが頻発したりします。停戦期間が短そうな一方、対立陣営の中傷や、無力化、非合法化、除去しようとする動きが止むことはありません。

とるべき戦略や社会学を行う方法が一つだけだというつもりはありません。私が反対している「公共領域との結びつきを失った」社会学にも利点はあります。それは望む人々に、博士号から講師職や教授職の取得へとつながる明確な「昇進の階段」、つまりは確立した軌道を提供してあげられることです。いったんデータを収集して処理する方法を身につければ、学術論文のテーマがどれほど重要か、その知見に対する社会的ニーズや需要がどれほど大きいかは、さほど重要ではありません。こうした一般的なキャリアを歩む人々にとって唯一重要な事柄は、審査委員会のメンバーでもある指導教官の方法から離れるか、それに忠実であり続けるかです。これこそ、アブラハム・マズロー〔米国の心理学者、一九〇八〜七〇〕が創造的な取り組みに加わりたいと望む非創造的な人々のために発明された戦略と呼ぶものに他なりません。

そして、アカデミックな社会学の将来は、たとえ近未来であっても、あらかじめ決まっているわけではありません。社会学に新たな課題やチャンスをもたらす需要が急増する可能性がある一方で、既成の社会学の方法を踏襲しながら成長を遂げている既得権も存在します。そして、これまで数えられたことがなかったがゆえに、次回の計算の際に機会がめぐってくるものもあるでしょう。制度化された惰性の持つ力の方が、新たな社会環境の圧力を上回る可能性もあります。逆に、社会学がアカデミズムの枠をはるかに越える妥当性を獲得し、本当にこのサービスを必要としている人々の手に届く可能性もあるでしょう。

J&T　あなたはご自分の仕事をほとんど独力で行い、研究機関から助成金をもらっていません。そういう意味で、あなたはカール・マンハイム〔ハンガリー生まれでユダヤ系の知識社会学者、一八九三〜一九四七〕が名づけた「自由に浮動する知識人」と言えますね。

B　（多ければ多いほどいい！）研究助成金は、社会学者がアカデミズムの世界の中で「素人」や「常識」と決別する手段を手にし、自らが生み出し支える知識の優越性を保証するものであり、そのために設けられたもので、社会学者の必死の努力に伴う副作用だと思います。

またそれは、ミシェル・フーコーの「人口統計」のルールを実践する人々が自らの仕事に対する需要を見つけるためにも有益かもしれません。以上の二つの役割を除けば、助成金は健全な社会学研究に不可欠な条件とは言えません。

また、私は（委員会形式の）集団的な作業には関わらないようにしています。ハンナ・アーレント（一九〇六〜七五）によれば、思考は人間のもっとも孤独な営みであり、私の個人的な経験からもこの見解を支持したいと思います。ただ、思考は対話的なものでもあります……私が拾い読みした学術的な出版物のほとんどは、対話の手本やその創造力の表示といえるような代物ではありませんが。

J&T　あなたが博士課程の学生を指導されていたころ、「相反する思いもあるが、創造性や技術的な向上心のある論文が、博士号審査委員会の選考から漏れないように努めている」と語っていましたね。あなたは有望な社会学者や、社会学という気高い科学を実践する次世代のために、自らの技を提供することができましたか。社会学という仕事を通じてどうキャリアを築くかではなく、何か面白いもの、とりわけ、語るべき重要なものを与えることはできましたか。

B　人生を終えようとしている私に何が語れるでしょうか。快適な生活を送りたければ、他の仕事を探した方がいいでしょう。社会学を生業にすることは豊かになるためのレシピでも、問題のない生活への処方箋でもありません。せいぜい充実した人生への通路にすぎません（この「せいぜい」を過小評価しているわけでも軽視しているわけでもありませんが）。言い換えれば、この世界と距離をとる仕事に励むことで得られる充実感と、この仕事に入ったときより多少よい（より悪くはない）条件を享受できることです。

学ぶことで失敗を避けられ確実に成功が得られるルールなどあるでしょうか。そうしたルールブックがあったとしても、そこには永遠に開かれていて、新たなルールを書き込める白紙のページがなければなりません。状況の変化に対応しているうちに新たなルールが生まれてくるからです。世界は変化していて常に自己調整が図られており（意図的か否かは別にして、私たちの協力もあって）、個人の寿命よりも有効期間が長いルールなど存在しません。

だから、将来予測に時間をつぶすより研究を続けましょう。そして、私たちの仕事の強みやこの仕事に対する私たちのモチベーション（方程式の中の不滅の変数）の命じるままに、研究を続けようではありませんか。

J&T　社会学は常識やドクサの世界に批判的に関わるものであり、関わるべきだとする意見に同意するとしても、自明とされる世界、ありのままの世界、変化や批判にかたくなに抵抗する世界の中で、批判や批判的社会学はどんな役に立つのでしょうか。かなり前、あなたは『批判的社会学に向けて *Towards a Critical Sociology*』（一九七六）の中で、世界との批判的な関わり合いは解放への関心とみなされるものであり、理性の解放はあらゆる物質的な解放の条件であると指摘されました。まだ同じようなお考えですか、もしそうであるなら、その人間解放はどのようにして達成されるのでしょうか。

B　「解放」という言葉には、入手できる選択肢や現実的な選択範囲を狭めようとするものをすべて、もしくは一部排除するという意味が込められています。ようするに、それは「より多くの自由」という意味を含んでいるのです。したがって、「物質的な解放」はつじつまの合わない言葉です。その言葉は世界に関わるものであり、その認識に関わるものではないからです。言い換えると、存在論に関わるものであって、認識論に関わるものではないのです。あなた方の質問は、（多少なりとも）世界の変化を引き起こす、もしくは世界の変化に影響を及ぼす認識の変化の可能性と能力についてですよね。よくご存じのように、それは哲学的な世界観の歴史においては永遠の問題であり、その回答を求めることも同じく永遠の問題です。私はここで、「論より証拠」という諺を思い出します。求められる回答が広範に（長く）支持されるかどうか不明なのは、それが理論によってではなく、実践によってしか導き出せないからです。哲学において、この問題に対する肯定的・否定的回答のいずれの側も、相手方を圧倒できる説得力のある議論を展開しようとします。それを完璧に行ったのがヴァーツラフ・ハベル〔一九八九年から九二年までチェコの大統領を務めた〕です。彼は認識によってこの世界を変えようとした人物です。未来を変えるためには、国民がどんな歌を歌っているか知る必要があるとハベルは語っていますが、その直後に、次の年にその国民がどんな歌を歌おうとするかは誰にも分からないとつけ加えています。テオドール・W・アドルノも心から同意した（私も同感です）そうした不確かさを自覚しながら、ハベルは、国民の習慣や性向を改めさせるために、彼らが歌う歌を変えるよう幾度も促しました。ビンの中に現状批判のメッセージを詰めて予測不能な波にまかせてしまったことを後悔したときでも、そう促し続けたのです。

この問題をもう少し明確にしましょう。現実とその認識（あるいは認識とそれが生み出し文える現実）の間の密接な関係は一つの想定ではなく、取り除くことのできない人間の存在条件（ハイデッガーの言葉がお好きなら、世界内存在という人間特有のあり方）です。私たちが生きる世界は「生きられた世界」であり、存在論と認識論、すなわち現実（「消し去る」ことのできないもの）とその認識（あり方は別にして、議論し続けることができるもの）を含みます。それゆえ、ここで問題になるのは認識の転換を引き起こす可能性と見通しであり、それを通じて現実に望ましい変化を促すことです。言い換えるなら、認識を変えることで現実を変えることです。

この問題がどれほど多くの議論を巻き起こし、今でも議論の的であることを意識してしまうと、問題を解決できる希望は持てません（意欲も持てません）。そこで最低限のスタンスで臨むことにします。無知であるより知識がある方がましですから。知識があってもその行動が成功を収める保証にはなりませんが、知識がないと成功の確率が下がるのは確かです。とりわけ、いったん行動の対象が明らかになると、前例がないことや慣例を破る試みも課題に上ってきます。ハイデッガーの言葉を借りれば、現実の断片が「手元にある」(vorhanden)（いわば慣れ親しんでいるために「まぶしくて見えにくく」、いつでも手が届く）状態から、「手に入りうる」(zuhanden)（やっかいで魅力的で、吟味が必要で、行動に駆り立てる）状態に変わると、そうした断片を目的を持った行動に向け直すチャンスが膨らみます。関心の的や、覚醒の場、目的ある行動の場とするために、見慣れたものを見慣れないものに、問題のないものを問題のあるものに変えて、人間の世界を目に見えないドクサ（一般的で十分反省されることのない感覚――それによって考えても、それについて考えることはない知識）から引き出すのが社会学の仕事だと思います。社会学は批判的であることが前提なのではなく、自らの使命に忠実な社会学が批判的なのです。それは、意識的か否かを問わず、この仕事の純然たる論理に基づくものです。

こうした言明が凡庸なものであることは私も認めます。こう繰り返すのは、いささか恥ずかしいのですが、もう一度繰り返す必要があるからです。というのも、社会学のルーティン作業がそうしたメッセージを覆い隠してしまい、私たちの視覚やさらには「先取り的な」関心に基づいて追求しようとする気持ちに蓋をしてしまうからです。そして、生きられた世界の内容が生み出す恐ろしいほどの変化が、「それを生きる」（すなわち、それを形成する一方で、それによって形成される）人々の感情や動機や生活戦略全体に影響を及ぼしているにもかかわらず、そういう現象は起きてしまうのです。一つだけ例を挙げてみます。今日、私たちは「中世文化」や「古代文化」について事実に基づいて自由に語っていますが（人間が生活を営む方法は、時代や場所の違いを越えて、工夫をこらした選択に基づくものだと思い込んでいますが）、「文化」という概念そのものや、その暗黙の重要な前提が形成されて、一般的な語彙（ドクサ）になったのは、ようやく一八世紀後半のことなのです。「文化」という発想やものの見方の存在が、あらゆる概念的・実践的な事柄とともに一つのカギであり、近代と前近代の世界内存在のあり方の「違いを生み出す違い」の分岐点であることは、少し考えれば理解できるはずです。人々が自らの認識を形成し戦略を選ぶ際に用いる、概念という「生きられた世界を構築する建築材」の役割をめぐるさらに衝撃的な例が、人間の世界内存在としてのあり方を、他のすべての生き物のあり方と区別する、死についての認識です（動物は死なないと言えるでしょう。なぜなら、たとえ彼らに本能的に死を避けようとする傾向が備わっていても、自分が死すべき存在であることを知らないからです）。世界内存在である人間特有のあり方を規定する文化が、死すべき運命にあることを自覚している人間を生きさせる継続的な取り組みであることは指摘しておくべきでしょう。

しかし、知識を持つこと、つまりある重要な面に力を注ぐことは、他の面をおろそかにすることにつながる点も指摘しておかなくてはなりません。それゆえ、社会学者がドクサに批判的に関わるためには、やむにやまれぬ理由が必要になります。知識の仕事、つまり目と意志をこの世界のある断片や側面に集中すると、必ず「コラテラル・ダメージ（巻き添え被害）」が生じ、目と意志をその他の事柄から逸らす結果になるからです。こうした知識の選択性（不都合な事態を生じることと隣り合わせであること）と、その影響がもたらすメリットと曖昧さが混在している状態は「取り除く」ことができません。それは知識を有効に活用するための必須条件なのです（言い換えれば、「的を絞る」ことと「他のものを無視する」ことの相互作用を通じて、「関連のない」ものから「関連のある」ものを取り出すことで、そうした仕事は達成しやすくなるのです）。

ここで、現在のほとんど普遍的な世界観の一要素である、「リスク」と「リスク計算」という概念の持つ避けがたい曖昧さとその結果としてのアンビバレンス（二律背反）を明らかにしておきましょう。

リスク研究の先駆者で主導的理論家であるウルリッヒ・ベック（一九四四〜二〇一五）が指摘するように、リスクは近代の初めから「知識を確率の意味論的地平の中の非知と融合させ」てきました。ベックによると、科学の歴史は「予測不能なものを制御しようとする最初の試みである確率計算（フランスの数学者ピエール・ド・フェルマーとブレーズ・パスカルによって開発された）が誕生した一六五一年にさかのぼる」そうです。それ以降、リスクという概念によってものごとを「制御することは可能だとする傲慢な想定」が影響力を増しています。後知恵のメリットを生かして、よく言われるリキッド化した結果から、強迫的にリキッド化しながらソリッドな状態に至った初期近代を振り返ってみると、リスクというカテゴリーは近代意識の二つの柱（第一の柱である世界の偶発性やランダム性に対する認識と、第二の柱である「私たちはできる」という自信）を両立させる試みだったと言えるでしょう。もっと正確に言うと、「リスク」のカテゴリーは、第一の柱がどれほど腹立たしくて恐ろしいものでも、第二の柱である「私たちはできる」という自信を得ようとする試みだったのです。「リスク」や「リスク計算」に対する需要は、世界の不規則性や偶発性や不確定性が容赦なく高まっているとする証拠が増えるにつれて高まりました。世界の「絶対的」で「永遠の」真理や、動かしがたい規則性や法則性といった夢は、結局のところ、確信や自信を持って行動したいとする近代の野望に欠かせない前提でした。

しかし、基本的に説明不可能な宇宙について科学的に説明し、数学的に裏づけるモデルが出た直後に、それに反する証拠が増えたために、そうした前提は崩れ、野望も削がれてしまいました。リスクという発想は真理の探究を軌道に乗せるための次善の策、言い換えるなら、撤退を余儀なくされた近代の確実性への欲望が踏みとどまる後方陣地でした。

「リスク」というカテゴリーは、たとえ自然状況や、それに人工的な要素を加えたものが完全な規則性に至らず、十分な透明性や完全な予測可能性という理想にはほど遠くても、人智を結集して、その武器を誇示すれば、確実性に近づけると約束してくれるものです。それは、完璧な確実性やゆるぎない自信などへの願望とは違って、危険性を完全に取り除くと請け合ってはくれませんが、その確率や可能性が計算できることは約束してくれます。そうすることで、間接的に、意図した企てを有効にし成功に導くために資源の最適な分布を計算し、適用できると約束してくれるのです。

しかし、「リスク」の意味論からすれば、たとえ明確でなくても、自明の「構造化された」（「構造化する」、つまり確率の操作とその結果の区分）、基本的に規則的で予測可能な環境を想定する必要があります。つまり、出来事の確率が事前に分かっていて初めて、吟味し認識し評価することができるのです。そうした想定は明らかに持続不能であるにもかかわらず、「リスク計算」戦略が魅力的な提案であることに変わりありません。つまり、それは欠陥がなく信頼のおける確実性の約束や、未来を事前に決定する（「固定する」）見通しの確保がもたらす精神的な慰安にはほど遠くとも、今日のリキッド・モダン意識を満たしている癒しがたい不確実性の前兆と「確率の意味論的な地平」（そして望まれるリスク計算）の間の橋渡しできないほどの距離に比べると、とるに足らないように思えるのです。ホルヘ・ヴァゲンスベルク〔スペインの物理学者〕は学問の知の現状を（*L'ame de la méduse. Idées de la complexité du monde*（1997）、四七ページを参照）「（方程式への）解答は枝状に分かれるが、一つだけが正しく、それだけがシステムの現実を表している。問題はいかにしてその一つを見つけるかである。それは偶然に左右される。これまで無視できていた少しの変動幅が、今では巨大なシステムの未来を左右しているのだ」と指摘しています。システムの複雑さが環境の不確実性と合体して、遺言を残す権利を運命にゆだねているのです。言い換えれば、予測不能なものと制御不能なものが融合した名状しがたいものに変わっているのです。イギリスの政治哲学者ジョン・グレイ〔一九四八〜〕が十数年前に指摘したように、「主権国家の政府は市場がどう反応するか予測できない……一九九〇年代の各国政府は盲目飛行を行っている」のです。グレイは私たちをまったく異なる条件に導く未来を予想しませんでした。過去においてと同様、私たちは「偶発的な事態や大惨事、ときに訪れる平和と文明的な時期の連続」を予想します。そのすべてがランダムで予測も予感もできず、計算することもできず、気づかず、その犠牲者だけでなく、その受益者も準備ができていない状態です。

近代的な意識には「リスクという視点」が重要であるという発見や表明も、一日が終わる夕暮れに飛び立つとされるミネルヴァの梟の故事にならったようです。あるいはそれは、ハイデッガーが記した、モノが「光に包まれている」状態、光に覆われていて見えにくい状態から、そうした状態が崩れて日常生活が中断し、目もくらむほど鮮明な状態になるという一般的な傾向にならったのかもしれません。言い換えれば、何かがなくなった後や消滅し変形した後でようやく、物事が意識されるようになるというわけです。たしかに私たちは、「リスク」という言葉がかつての意味をほとんど失ってベックの「ゾンビ概念」に変わり、ジャック・デリダ〔フランスの哲学者、一九三〇～二〇〇四〕が指摘するように「消し去った後で」使用しなければならない時代、言い換えると、リスク社会という概念をグローバルな不確実性という言葉に置き換える時代になってようやく、近代史において「リスク」や「リスク計算」、「リスクテイキング」という概念が果たしていた素晴らしい役割に気づくようになったのです。今日の私たちの危険は、「リスク」という言葉が把握し明らかにしようとしたものとは異なっています。というのも、今日の危険は実際に襲いかかってくるまでは、名前がなく予測がつかず計算もできないからです。そして、その危険が生まれて姿を現す状況は、「社会」を地球の人口と同じ広がりを持つものとでも考えない限り、もはやゲゼルシャフトというカテゴリーの枠には収まりません。

これだけ議論すれば十分ではないでしょうか。リスク計算という発想とそこに込められた戦略的な意味は、（人間に）「能力を与える」役目を果たす一方で、「能力を奪う」役目も果たしているのかもしれません。つまり、それは正面衝突する不安や懸念を拭ってくれる一方で、そういう事態に対する私たちの備えを無効にしてしまうのです。そしてまた、永続的で取り除くことのできない不確実性の下で行動しなければならない深刻さを和らげてくれる一方で、そうした行動に欠かせないスキルや資質を身につける必要性をなくしてしまうのです。

お尋ねの批判的社会学の役割について例を挙げると、たとえば、「批判という手段を手にした社会学」は不確実性こそ唯一信頼がおけて確実なものであるかのような時代にコミットできるし、コミットしなければならないし、希望を持ってコミットします。

## 批判的社会理論の課題

J&T　あなたは、一九九一年の「批判理論」と題する論文の中で、批判的社会理論は

「世界を『ありのまま』に再現することで満足するのではなく、『世界はどうしてこうなったのか』問いかけようとする。それは、その歴史を研究するよう求め、その過程で忘れられた希望や失われた機会を回復するよう要求する。そして、なぜそうした希望や機会が忘れられ失われてしまったのか知りたいと考える」とまとめていますね。同じ論文の中で、「システムによる生活世界の植民地化」（ハーバーマスの有名な言葉）と同じように非常に懸念される事態は、個人化や民営化、さらには公共空間や政治的熟考の消滅や縮小であるとも述べています。あなたの診断によると、今日の批判的社会理論の課題は大きく変化しています。それは「失われた希望や機会」にとくに注目すべきなのでしょうか。また、今日の主要な問題は依然として、提言され、予言されてきた「私的なものによる公的なものの植民地化」なのでしょうか。

B　その提言に今でも忠実であることを私は誇りに思っています。現在、私は「あるがままの世界」と「あるべき世界」の溝を広げることになった重大かつ根本的な展開について検討を重ねているところです。それは、「誰がそれを行うのか」という悩ましい問題に応える行為主体が危機に瀕しているという問題です。

私がここで念頭に置いている展開は、何かを行わせる権力と誰が何を行うのか決定する政治が分離していることです。かつての疾風怒濤の時代の批判理論はそうした悩みとは無縁でした。当時そうした分離が起こることなど考えられなかったからです（そうした兆しがあっても例外的で一時的で、すぐ収まるものとみなされ、放置されました）。権力と政治はともに必要かつ十分な効果的な行動を行う条件であり、ともに国家の独占物でした（現実にはそうではない場合もあったものの）。そうした状況下では、「誰が何を行うのか」という疑問に対する回答は自明なものでしたが、もはやそうではありません。かつて国家の主権に含まれていた権力がほとんどマニュエル・カステル（スペイン生まれの社会学者、一九四二〜）のグローバルな「流動空間」の中に霧消してしまう一方、政治はローカルなものにとどまっています。批判的な想像力や衝動や活力を弱らせているのは「何を行うか」という問題ではなく、「誰がそれを行うか」という問題である一方、「よき社会」について考え、語ることはほとんど無駄なようです。

こうした展開がもたらすものは、問題の集合化が進展する一方で、その解決のための道具や手段の個人化が進んでいるというパラドクスです。このパラドクスゆえに、個人は社会的に生み出された（社会的にしか解決できない）課題に自力で対処するという不可能な課題

（かつては強制され避けることができなかった課題が一つの義務になったことは記しておきましょう）を背負わされています。こうした状況は、差し迫った核戦争の脅威を逃れるために、家族用シェルターを購入することとよく似ています。

もう一つの帰結が社会問題の形が根本的に変化したことであり、なかでも非常に重大で顕著な変化は生産者社会から消費者社会への転換です。社会理論は生産者社会でその活発かつ多産な時代を過ごし、フランクフルト学派も時代の制約を超えて消費者社会の姿を垣間見ることはありませんでした。生産者社会では、多くの人々を結集することを期待される生産・産業状況が（意図したものかどうかは別にして）連帯感の醸成や団結の強化を促したおかげで、個人的な不満は集団的な関心事に変わり、個人は結束して「歴史的主体」となりました。それに対して、消費主義がはびこり、それに寄与する状況がもたらす結末は離散や孤立や排除に他なりません。消費者社会における歴史の「集合的な主体」は、生産者社会のあらゆる特徴を要約した典型的な生産者である「プロレタリアート」に匹敵する役を演じることはできません。今日「プロレタリアート」に代わって、貧しく、恵まれず、苦悩し、屈辱にまみれた人間の総称となった「プレカリアート」は、そうした役割を担えなくなっています。プレカリアートは、今日の社会批判が救済の希望を託せる存在ではないのです。「プレカリアート」と名づけられた集合体が、かつての「ともに立ち上がり、ともに敗れる」という精神を、「各人の自助努力にまかせ、逃げ遅れた者は悪魔に食われろ」に変えてしまったことは注目しなければなりません。そこではもはや、かつて孤独な受難者を歴史的主体に束ねていた接着剤である連帯感が根づき育まれることはないのです。

以上の三つの成り行きが私たちを「私的なものによる公的なものの植民地化」に向かわせていると言えるでしょう。言い換えれば、私的なものが「アゴラ」（私的な関心事が公的な問題に変わり、公的なニーズが個人の権利や義務に変わることが期待される空間）を侵略し征服してしまっているのです。

J&T　魚が水を求めるように、社会（公的なもの）は批判的社会学と批判的な反省を必要としていると、批判的社会理論は常々主張しています。公衆は社会学を必要としているという意見に同意するとして、どうすれば私たちは、そのことを一般の人々に説得できるでしょうか、あるいは説得すべきでしょうか。こうした疑問を投げかけるもう一つの方法は、簡単な「社会学の社会学」を行うことです。私たちが消費者社会に生きていて、すべての人々が消費者であるとすれば、社会学も市場の商品の一つにすぎないのでしょうか。もしそうであるなら、私たちは、自分が主張したいことを断念することなく、何かを売ることはできるでしょうか。

B　ご指摘のように、社会学も「市場の商品の一つ」であり、社会学者には、求められている結論を引き出すか、それとも自らの周辺性や世界との関連性のなさを受け入れる以外の選択肢はほとんどありません。しかし、これまでの会話からもお判りのように、後者を選択することは社会学者という仕事への裏切りだと思います。カール・マルクスの言葉を想い起こせば、私たち社会学者も、他のすべての人々と同じように、歴史を作ってはいても、自分が選んだものではない条件の下でそれを作っているのかもしれません。

たしかに、社会学も、他の市場の商品と同じく、自らが提供するサービスの「顧客を生み出す」必要があります。この消費者社会の中で需要を生み出すことを期待され、その義務を負っているのは、サービスを提供する側であって、その逆ではありません。そうした義務に応える機会を手にする商品がある一方、そうした機会に恵まれない商品もあります。それはもっぱら「自分が選んだものではない条件」に左右されます。しかし、その他については（非常に多くの「その他」）、完全に私たちの選択の問題であり、それにかかっています。

この「その他」のケースで非常に広範かつ有望な顧客を見つけるためには、リーズ市のシヴィックホールの丸屋根の下の金文字の格言「正直こそ最善の方策」を参考にする必要があります。この格言は、産業革命のパイオニアで資金提供者で建設者であった人々が、労働者を世界変革に動員する際の指針になると考えたものです。私たち社会学者にとって「正直」とは、社会学という仕事に忠実で、その期待に答え続ける義務であると解釈できるでしょう。

その義務とは、警鐘を鳴らす必要がある場合は、その音が聞こえなかったり届きそうになくても、必ず鳴らすことです。たとえば、偉大なポーランドの思想家で詩人のチェスワフ・ミウォシュ〔一九一一～二〇〇四〕の「世界はわれわれのことを非理性の化身、つまりは狂気の産物であると攻撃する」と数十年前に述べました。当時は彼の読者も共感を抱いていたこうした見解は、大量消費社会に合わない思考の産物であり、販売できない不適切なものだったでしょうか。私たちの共通の存在条件である「公式」版ＴＩＮＡ（これしか選択肢はない）を受け容れた人々や、そうした見解を、ぬかるみや迷路の中を安全に通行できる保証書として受け入れた人々の反応（あるいは反応のなさ）を見ると、そう見えたのかもしれません――人々は政治指導者やマスメディアの権威によって「これしか選択肢はない」と信じるようになったのかもしれませんが。

しかし、元レジスタンスの闘士でその後外交官に転じた現在九三歳になるステファヌ・エセルが二〇一〇年に執筆した『怒りのとき *Time for Outrage*』という小冊子は、すでに二七カ国語に翻訳されて数百万部を売り上げ、スペインの数百万の老若男女を、賞味期限切れなのに必死に崩壊を免れようとしている政治制度への抗議運動に駆り立てました。この小冊子のメッセージが非常に過激であったため（その結果、販売できなかったとされます）、ほとんどの社会学者が自らの研究報告書に点を振ったり横線を引いたりして、書き直したようです。エセルはそのまとめの中で次のように語っています（私が翻訳したものです）。

現在、世界で起きていることは受け容れられない。だから変える必要がある。われわれは、以前にもまして、人間が引き起こす地球の破壊がどれほど大規模か知っている。この破壊は何世紀も続いていて、いつ終わるか不明である。途方もない悲惨と想像できないほどの富が同居している状態を認めていいはずはない。もしも、近年増大しているテロリズムのさらなる拡大を許せば、八方ふさがりの状態に陥ってしまうだろう。解決策を見つけなければならないが、本書はそれを提示するものではない。本書を一つの警告、良心への訴え、受け身の立場から抜け出すようにとの呼びかけ、世界の運命に対する責任を促すものとみなす必要がある。

## 現代社会とどう向き合うか

J&T　アルヴィン・ワード・ゴールドナー〔米国の社会学者、一九二〇〜八〇〕は、「慎み深いと本音の批評が手控えられる」と述べたことがあります。私たちはあまりにも慎み深い社会に生きているのでしょうか。以前、あなたは今日の批評の状況をキャンプ場での生活にたとえたことがあります。キャンプ場での生活とは短期滞在で深入りしないということです。もしも批評がそれとは逆の長期生活を営んで、深入りすることを目指すとすれば、それは私たちが知っている慎み深い社会に、どのような影響を及ぼすでしょうか。

B　おそらく、私が事情に通じていないか、ゴールドナーがそう語った後で世界が激変したのかもしれません。あるいはその後、慎み深さの基準が非常に低くなった可能性もあります。しかし、「慎み深さ」は、私がこの世界について説明を求められても、もっとも口にしそうにない言葉です。ただし、偽善（本当の痛みの原因となるものや、本当に人々を苦しめるものを避けたり、善意の名の下に無慈悲さを売る傾向を指す）を慎み深さと混同させるのは、偽善の得意戦略です。「政治的な正しさ」はその見え透いた戦略の一つであり、その下には偽善が隠れているのです。

「私たちが知る世界」は下品で粗野な世界であり、もはや婉曲な言い方など通用しません。イギリスのヴィクトリア時代にはピアノの足に靴下をはかせたそうですが、私たちならピアノにポルノ雑誌に出てくるような足をつけるでしょう。私たちは連日のように、公然と、これ見よがしに、かつては悪の巣窟でだけ使われていた言葉を口にしています。私たちはもはやプライバシーや親密さの権利など尊重していません。イギリス人にとって家庭はまだ城かもしれませんが、その城は二四時間旅行者に開放されていて、その住人はむしろ覗き見されないことを恐れています。私たちは、玄関先に姿を現す見習職人や、一週間にわたって辱めを受け嘲笑された後人気投票で脱落する「ビッグブラザー」（テレビのリアリティ番組の名称）家の住人の姿を見て、大喜びしています。私たちは他者の尊厳も自分の尊厳も尊重しません。「名誉」という言葉を聞いたりすると、私たちは辞書にかじりつきます（「フー・ウォンツ・トゥ・ビー・ア・ミリオネア（誰が大金持ちになりたいか）」や「ザ・

ウィークスト・リンク（もっとも弱い鎖）」のような人気クイズ番組にかじりつきたがるように）。そして無料の泥仕合（もはや罰せられず、譴責されず、非難もされない）は例をみないほど盛り上がっています――匿名性によってもたらされる保護や、インターネットの悪口や中傷や名誉棄損が刑罰の対象にならないという「慎み深さ」がはびこる現状はまるで、「中傷する権利」が人権になり、司法機関によって懸命に擁護されるようになったかのようです。

敬意と信頼は「文明社会」の二つの美徳のはずですが、それらは今や明らかに公けの場、私的な場を問わず、人間同士の交流から失われています。事実、私が思うに、個人から敬意と相互信頼の基盤を奪い取ることは、「社会の主要な関心事」（とあなたが述べた）を社会の注目の的や懸念や行動の対象にさせない最高の（そして驚くほどの成果を収める）戦略です。「批評」をもっとも重要な課題にしなければならないのは、他人の人間性や権利を尊重しなければならないからです――（あなた方にならってもう一度繰り返せば）「社会の主要な関心事」に触れる可能性を手にしたいのなら。敬意を復活させなければ、連帯を手にすることはできません。そして、連帯がなければ、「社会の主要な関心事」を休眠状態から目覚めさせたり、無関心という隠れ家から抜け出させる見通しも立たないのです。

J&T　社会学と社会学者の仕事はしばしば批判の的になります。メディアは、今日の社会学を専門用語を後ろ盾にしたトリビアなものだとか、政治的な意見発表の場だと指摘しています。一方、アカデミズムの場で社会学者は互いの著書を厳しく批評し合っています。このような批判に、私たちはどう応えたらいいのでしょうか。

B　どう応えたらいいのか。まずは自らの仕事に励むことが先決だと思います。つまり、会話の語り手と聞き手が常に自らの責任や他の人々に対する責任を自覚することが大切です。自分の仕事に励むことは、必ずしも批判的な反応に耳をそばだてるという意味ではありません。そこは意味に満ちた多声的で多重焦点的な社会空間であるがゆえに、相互批判の場になったり、その集団的な論理ゆえに、共有地の条件を上げるよりも下げたいと願う「同僚批評家」の品定めの場になる傾向があります。

社会学という仕事は、「常識」（人間の経験によって解釈され、人間の経験に投資する）との終わりのない、双方向の会話・意見交換だと私は繰り返し指摘してきました。それは生活を営む庶民との会話という意味であって、社会学に携わる人々との会話という意味ではありません。社会学の歴史のどの段階よりも規制緩和され個人化された今日においても、それは変わりません。そうした会話や意見交換において、私たちは教師と生徒という二重の役割を持って登場し、正しいという保証がないのを知りながら、その場に参入します。そのような意見交換に耳を傾けてもらうためには、自分も語られていることに耳を傾ける技を身につけなければなりません。私たちの仕事を実践するには、自信と慎み深さをバランスよく持つ必要があります。勇気も必要です。つまり、人間の経験を解釈することは、風向きにゆだねるような仕事ではないのです。

J&T　C・ライト・ミルズは、『社会学的想像力』(一九五九)の最後の方で、社会学の目的は生活の質を改善することだと主張しました。あなたは、社会生活や人々の生活を改善し、向上させ、よりよくするのが社会学の目的だとお考えでしょうか。もしそうなら、どのようにすればよいのでしょうか。

B　社会学は二世紀にわたる歴史全体を通して、人間が社会生活を営み、他の人々と交流する「社会的動物」であるという事実を基に、人間を取巻く条件の諸相に焦点を当ててきました。つまり、社会学者は、「変化を起こす存在」である人間の「社会性」に着目したのです。米国社会学の先駆者Ｃ・ライト・ミルズとアルビオン・スモール（一八五四〜一九二六）が社会学は社会を改良したいという願いから生まれたと指摘するまでは、「よき生活」が可能なのはポリスの中だけであり、ポリスがなくても生きられるのは野獣と天使だけだとするアリストテレスの指摘が暗黙の前提になっていました。それが、人間の生活の質を変えたいのなら、人間が生きる社会の質を変えることから始めよ、に変わったわけです。社会学が提供しようとする仕事についてのこうした理解と、行動が行われる状況やその確率を操作することで望ましい人間の条件が実現される（行為者の選択に制限を加えるための計算による操作、なるべくならそれをすべて除去した方がよい）とする当時の「経営理性」の間には、いわばある種の「選択的な類似性」がありました。

それ以降、経営理性の考えはその支配的な戦略とともに変化しています。「ハードパワー」（まさに強制による規律化です）に重点を置くことから「ソフトパワー」（誘惑に依存する）にシフトしたのです。今日の「よき生活」の発想も「よき社会」の構想から切り離されて、ＤＩＹ（自分でやろう）の仕事に変わっています。もはや、「社会を改良する」ことではなく、居住不能な社会状況の中に比較的快適な空間を見つけたり建設したりすることに焦点が移っているのです。人間を取巻く条件が根本的に変化するにつれて、社会学者もまたその使命について再考し、再編成しなければならなくなっています。

J&T　その再編成は、コミュニケーションを交わしたければ、古典を読んだりカンファレンスに参加するよりも、他のところに目を向けるべきだという意味も含むのでしょうか。今日、社会批評家や研究者、一般の人々が、自らの知識を伝えたり、自らの関心事について発言したり、時事問題を議論したり、自らの意見をブログを通して表現したりすることが広まっています。こうした現象は今日の社会的議論の状態について何を物語っているのでしょうか。おまけに、あなたはご自分の考えをこうした方法で伝えたいとは思わないようですね。なぜそう思わないのですか。

B　私は複数のインターネット・ジャーナル、とくに英国の「ソーシャル・ヨーロッパ」とポーランドの「Krytyka Polityczna」に、不定期にですが、よく寄稿しています。しかし、私が「こうしたコミュニケーションの方法」を好まないというあなたの指摘は正しいと思います。それは年齢の問題ではないでしょうか。つまり、いったん身についた習慣を捨てたり、変えようとしても遅すぎるのです。しかし、メッセージが公共領域（ほとんどが国家間）を出入りするスピードが速すぎることも、私がブログ的なコミュニケーションに入り込めない理由の一つです。考えを煮詰めたり、その重大さに見合うだけ考え込んだりせずに、すぐに気持ちを切り替える傾向が強まっています。読んではすぐ忘れるのです。インターネット上のコミュニケーションはディベートのそれ以上に、流行の論理に基づいています。それは線香花火のように消えてしまうもので、じっくり時間をかけてまとめるものではありません。

J&T　社会学者は、社会学者であると同時に一個人として、テレビを見るべきでしょうか。見るべきだとすれば、何をなぜ見るべきでしょうか。

B　テレビを見ることは社会学者のもっとも重要な義務の一つです。ほとんどの人がテレビ視聴に多くの時間を費やし、この世界についてのかなりの知識を得ているからです。私たちの仕事の主な対象であり、メッセージの送り先でもある、生きられた世界からテレビという要素をなくしてしまうと、非常に不完全なものになります。テレビを見るのを拒むことは、今日の人々の経験のかなりの部分に背を向けることです。だからこそ社会学者にテレビ視聴を勧めるのであり、感覚的な楽しみやその他の嗜好のためではありません。しかし、社会学者の仕事は常に愉快なものでなければならないと言った人もいましたが。

# 訳者あとがき

本書は、*What Use is Sociology* (Zygmunt Bauman Conversation with Michael-Hviid Jacobson and Keith Tester), Polity Press, 2014を全訳したものです。原題が示すように、本書はジグムント・バウマンが、ミカエル・ヴィード・ヤコブセンとキース・テスターが繰り出す今日の社会学の役割などをめぐる質問に答えるという形で展開しています。その点を踏まえて、『社会学の使い方』というタイトルをつけました。

まずは、ジグムント・バウマンの経歴についてご紹介します。一九二五年にポーランドのユダヤ人家庭に生まれ、第二次世界大戦中はポーランド軍に加わってナチスドイツと戦いました。戦後、軍の内部で反ユダヤ主義が台頭したために除隊を余儀なくされた後は、学業の道に進み、一九六三年にはワルシャワ大学の社会学教授に就任しました。しかし、ふたたび台頭した反ユダヤ主義に加え、その人間主義的な傾向（西欧では人間の能動性・主体性を強調する「マルクス主義ヒューマニズム」とも呼ばれた）が修正主義と批判され、一九六八年に教授職を追われています。その後は家族とともにポーランドを離れ、イスラエル等を経由してイギリスにわたり、一九七一年にはリーズ大学の教授に就任。一九九〇年には退職して、名誉教授になりました。退職後も旺盛な執筆活動を続けていることはよく知られている通りであり、著作物の数は四〇数冊にも上り、邦訳も相次いでいます。

一方、聞き手の一人であるミカエル・ヴィード・ヤコブセンは、デンマークのオールボー大学の社会学・ソーシャルワーク学科の教授で、著書として *Encountering the Everyday : An Introduction to the Sociologies of the Unnoticed*（2008）の他、アーヴィング・ゴッフマンやバウマンに関する研究書も著しています。もう一人の聞き手であるキース・テスターはリーズ大学で社会学の博士号を取得。二〇〇八年以降はイギリスのハル大学で社会学教授を務める一方、二〇一〇年にバウマンの業績を記念してリーズ大学に設立されたバウマン・インスティテュートの客員教授も務めています。著書として *Animals and Society: The Humanity of Animal Rights*（1991）の他、バウマンとの対話をまとめたものなどがあります。

以上の二人の著書や研究内容を考えると、いずれもバウマン社会学の本質を問う本書の聞き手にふさわしいといえるでしょう。とりわけキース・テスターは、バウマンがリーズ大学の教授に就任したころの学生であり、その後も自らのテーマを追求するかたわら、バウマン社会学を紹介する作業にも従事しています。そうした事情もあり、本書でバウマンに投げかけている数々の質問も、バウマンがイギリスにわたって以降の活動全体を視野に収めた包括的で、ときに詳細な部分に及んでいます。

さて、本書は、「社会学とは何か」「なぜ社会学するのか」「社会学するにはどうすればよいか」「社会学はいかにして達成されるか」という、いずれも社会学のあり方についての核心的な問いかけといえる四章から構成されており、それに関連する質問に対するバウマンの回答の中から、バウマンが実践し構想する社会学の輪郭と特質が浮かび上がってくるしくみになっています。以下、各章の中で訳者がとくに印象に残った箇所やキイワードをランダムに拾い上げてみます（いずれも示唆にとどめますので、詳しくは本文をお読み下さい）。

第1章「社会学とは何か」では、バウマンが社会学を専攻した理由に始まり、科学や芸術、文学や政治、倫理、神学などとの関連性を通じて、バウマンが考える社会学のあり方が論じられています。なかでも社会学と文学に共通する重要な役割に触れる中で再三登場するのが、小説家ミラン・クンデラの「予断というカーテンを引き裂く」という刺激的な表現です。この言葉は、他の箇所で出てくる「既知のものを未知のものにする」や「見慣れたものを見慣れないものにする」という表現とも通じています。

第2章「なぜ社会学するのか」では、今日アカデミズムの中で確固たる地位を築いている社会学が抱える困難や、さらには広く人間解放の歴史的主体が消滅し、よりよい社会への希望を見出せなくなっている不透明で不確実な時代の中での知識人の役割が一つのテーマになっています。こうした時代の知識人のあり方をバウマンは「ビンの中にメッセージを詰めて波にゆだねる」という言葉に要約しています。

第3章「社会学するにはどうすればよいか」でとくに印象に残ったのが、メタファー(隠喩)使用の正当性と有用性に触れている部分です。すでにバウマンの著書を読んだ経験のある方ならお分かりのように、その修辞に富んだ文章の中でメタファーが頻用されています。しかし、社会学を科学の仲間入りをさせようとする立場からは、メタファーの使用は曖昧さを増すものであり、マイナスの働きしかないと批判されてきました。したがって、ここで語られるバウマンのメタファー使用の擁護論は、彼の考えるオルタナティヴな社会学の一端を照らし出すものと言えます。

第4章「社会学はいかにして達成されるか」では、主として、社会学の取り上げるテーマの賞味期限が短く、その信頼性そのものも問われかねないリキッド・モダンの状況下で、社会学が「批判的社会学」や「批判的社会理論」としてどう生き延びるかが論じられています。ここで印象的な表現は「私的なものによる公的なものの植民地化」であり、新自由主義的考え方が支配する今日の時代状況を見事に要約していると同時に、そうした状況の中で批判的であり続けることの困難さも浮彫りにしています。

以上、印象に残った部分や表現をかいつまんで紹介してみました。さて、かつての科学的な厳密さへのこだわりから解放されつつある今日の社会学は、バウマンによれば「自由のない社会学」から「自由な社会学」に転じるチャンスを手にしています。それは言い換えれば、かつてマーガレット・サッチャーが掲げた「この選択肢しかない」という標語が示す、人間の選択の自由を狭める方向ではなく、広げることに寄与する方向と言えるでしょう。こうした中で、バウマンが実践する社会学はいっそうその真価を発揮するものと思います。

なお、原書には索引はついていませんが、本書には、社会学者にとどまらず、小説家や芸術家、政治家など、バウマンの多岐にわたる関心を反映した数多くの人名が登場するため、読者の便宜を考えて人名索引を作成しました。また、本文中の人名の下にカッコで適宜、簡単な経歴、生没年を加えています。さらに、各章の小見出しも当方の判断で加えた点もお断りしておきたいと思います。

「まえがき」で簡潔にまとめられているように、本書は「社会学者やこれから社会学を志そうとする人々に、私たち社会学者は何を行うのか、なぜ、どのように、誰のためにそれを行うのか、もう一度考えてもらおうとするもの」です。しかし、バウマンが本書でいくども強調しているように、社会学が一般の人々との会話を重視する学問分野であるがゆえに、上記の方々に加えて、この先行きの見通せない不確実な社会の中で生きづらさを抱えながら、その原因や解決策の一端を社会学に求めようとする人たちにも勧められる一冊だと思います。会話形式であるため、バウマンの著作の中では比較的わかりやすいという点も、それを後押ししていると思います（もちろん、一部難解な箇所もありますが）。

最後に、本書の翻訳を勧めて下さり、編集の労をとっていただいた青土社編集部の菱沼達也さんに心よりお礼申し上げます。

二〇一六年八月

伊藤　茂

著者
ジグムント・バウマン Zygmunt Bauman
一九二五年ポーランド生まれ。イギリスのリーズ大学名誉教授。邦訳書に『リキッド・モダニティ――液状化する社会』、『近代とホロコースト』（いずれも大月書店）、『コラテラル・ダメージ――グローバル時代の巻き添え被害』、『リキッド化する世界の文化論』（いずれも青土社）、『コミュニティ――自由と安全の戦場』（筑摩書房）他多数。

ミカエル・ヴィード・ヤコブセン Michael-Hviid Jacobsen
デンマークのオールボー大学教授（社会学）。

キース・テスター Keith Tester
イギリスのハル大学教授（社会学）。リーズ大学バウマン・インスティテュート客員教授。

訳者
伊藤茂（いとう・しげる）
翻訳家。訳書に、Z・バウマン『新しい貧困――労働・消費主義・ニュープア』、Z・バウマン＋D・ライアン『私たちが、すすんで監視し、監視される、この世界について』（いずれも青土社）、A・グプティル他『食の社会学――パラドクスから考える』（NTT出版）、R・コーエン＋P・ケネディ『グローバル・ソシオロジーⅠ・Ⅱ』（共訳、平凡社）他。

# 人名索引

## ア行

アーレント、ハンナ　Arendt, Hannah　156
アッパム、S・フィニアス　Upham, S. Phineas　121
アドルノ、テオドール、W　Adorno, Theodor W.　47, 67-72, 87, 159
アリストテレス　Aristotle　181
アルチュセール、ルイ　Althusser, Louis　65
アレクサンダー、ジェフリー　Alexander, Jeffrey　107
ヴァゲンスベルク、ホルヘ　Wagensberg, Jorge　166
ヴェーバー、マックス　Weber, Max　49, 59, 131
ウェッブ、シドニー　Webb, Sidney　64
ウエルベック、ミシェル　Houellebecq, Michel　33
ヴォイノーヴィチ、ウラジーミル　Voinovich, Vladimir　101
ヴォルテール　Voltaire　45
エセル、ステファヌ・フレデリック　Hessel, Stéphane Frédéric　175
エンゲルス、フリードリッヒ　Engels, Friedrich　131
オーウェル、ジョージ　Orwell, George　100-1
オースティン、ジョン　Austin, John　113

## カ行

カートライト、ナンシー　Cartright, Nancy　121
カステル、マニュエル　Castell, Manuel　170
カストリアディス、コルネリュウス　Castoriadis, Cornelius　101
カフカ、フランツ　Kafka, Franz　32, 36
カルヴィーノ、イタロ　Calvino, Italo　35
カント、イマニュエル　Kant, Immanuel　98
ギデンズ、アンソニー　Giddens, Anthony　25, 52
クーン、トーマス・S　Kuhn, Thomas S.　115, 153
クッツェー、J・M　Coetzee, J. M.　21-3, 29
クラカウアー、ジークフリート　Kracauer, Siegfried　123
グラムシ、アントニオ　Gramsci, Antonio　18, 60, 63-4, 125
グレイ、ジョン　Gray, John　166
グレイザー、バーニー　Glaser, Barney　33
クンデラ、ミラン　Kundera, Milan　29-30, 37, 46, 187
ゲーテ、ヨハン・ヴォルフガング　Goethe, Johann Wolfgang　95-6
ゴールドナー、アルヴィン・ワード　Gouldner, Alvin Ward　176
ゴッフマン、アーヴィング　Goffman, Erving　109-10, 186

### サ行

ザッカーバーグ、マーク　Zuckerberg, Mark　82-4
サッチャー、マーガレット　Thatcher, Margaret　45, 102, 189
サラマーゴ、ジョゼ　Saramago, José　57-8
サルトル、ジャン＝ポール　Sartre, Jean-Paul　83, 129
シールズ、キャロル　Shields, Carol　118
シェリング、フリードリッヒ・ヴィルヘルム　Schelling, Friedrich Wilhelm　141
ジミェフスキ、アルトゥル　Zmijewski, Artur　39-40
ショー、ジョージ・バーナード　Shaw, Jeorge Bernard　90
ジラール、ルネ　Girard, René　28
ジンバルドー、フィリップ　Zimbardo, Philip　39
ジンメル、ゲオルク　Simmel, Georg　50, 59. 116-7
ストラウス、アンセルム　Strauss, Anselm　33
スファード、アンナ　Sfard, Anna　118
スペンサー、ハーバート　Spencer, Herbert　52
スモール、アルビオン　Small, Albion　181
セネット、リチャード　Sennett, Richard　103-4, 108, 131
セルバンテス、ミゲル・ド　Cervantes, Miguel de　29-30
ゾラ、エミール　Zola, Émile　32
ソレンセン、トーベン・ベルク　Sørensen, Torben Berg　36-7

### タ行

チェーホフ、アントン　Chekhov, Anton　12
テイラー、フレデリック　Taylor, Frederick　40
デカルト、ルネ　Descartes, René　40
デュルケーム、エミール　Durkheim, Émile　49, 72
デリダ、ジャック　Derrida, Jacques　42, 88, 167
ドゥブレ、レジス　Debray, Régis　84, 86
ドストエフスキー、フョードル　Dostojevskij, Fjodor　36
トムスン、Ｅ・Ｐ　Thomson, E. P.　65

### ナ行

ニーチェ、フリードリッヒ　Nietzsche, Friedrich　129
ニコルソン、ジャック　Nicholson, Jack　90-1
ニスベット、ロバート　Nisbet, Robert　109-10

### ハ行

バース、フレデリック　Barth, Frederik　27
パーソンズ、タルコット　Parsons, Talcott　32-3, 46, 107, 130, 136

人名索引

ハーバーマス、ユルゲン　Habermas, Jürgen　80, 169
ハイデッガー、マルチン　Heidegger, Martin　160, 167
バシュラール、ガストン　Bachelard, Gaston　120
パスカル、ブレーズ　Pascal, Blaise　163
ハネケ、ミヒャエル　Haneke, Michael　91-4
ハベル、ヴァーツラフ　Havel, Vaclav　159
バルザック、オノレ・ド　Balzac, Honoré de　12, 32
フィールディング、ヘンリー　Fielding, Henry　30
ブーアスティン、ダニエル・J　Boorstin, Daniel J.　84
フーコー、ミシェル　Foucault, Michel　66, 83, 156
ブーバー、マルチン　Buber, Martin　103
フェルマー、ピエール・ド　Fermat, Pierre de　163
フォークス、セバスチャン　Faulks, Sebastian　83
フォースター、E・M　Forster, E. M.　77
フォード、ヘンリー　Ford, Henry　40
ブラウォイ、マイケル　Burawoy, Michael　140
ブラック、マックス　Black, Max　118
プラトン　Plato　63, 94, 111, 120
ブランショ、モーリス　Blanchot, Maurice　92
フリッシュ、マックス　Frisch, Max　32
ブルデュー、ピエール　Bourdieu, Pierre　52, 72, 74, 80
ブレヒト、ベルトルト　Brecht, Bertolt　67
フロイト、ジークムント　Freud, Sigmund　43, 142
ベイトソン、グレゴリー　Bateson, Gregory　109
ベーコン、フランシス　Bacon, Francis　49
ベケット、サミュエル　Beckett, Samuel　32
ベック、ウルリッヒ　Beck, Ulrich　163, 167
ペレック、ジョルジュ　Perec, Georges　32-3
ベルンシュタイン、エデュアルト　Bernstein, Eduard　63
ベンヤミン、ヴァルター　Benjamin, Walter　67
ホルクハイマー、マックス　Horkheimer, Max　42
ボルヘス、ホルヘ・ルイス　Borges, Jorge Luis　32-3

マ行
マズロー、アブラハム　Maslow, Abraham　59, 154
マッハルプ、フリッツ　Machlup, Fritz　48
マルクーゼ、ヘルベルト　Marcuse, Herbert　46
マルクス、カール　Marx, Karl　46, 53, 59-61, 63, 68-9, 131, 173, 186
マンハイム、カール　Mannheim, Karl　155
ミウォシュ、チェスワフ　Miłosz, Czesław　174

ミルズ、C・ライト　Mills, C. Wright　11-2, 52-3, 109-10, 180-1
ムジル、ロバート　Musil, Robert　32
メイヨー、エルトン　Mayo, Elton　39-40

ヤ行

ヨーン、ヤロミール　John, Jaromir　30

ラ行

ライプニッツ、ゴットフリート　Leibniz, Gottfried　44-5
ラザースフェルド、ポール　Lazarsfeld, Paul　33
ラティガン、テレンス　Rattigan, Terence　78
ラ・ボエシ、エティエンヌ・ド　La Boétie, Étienne de　21, 107
リオタール、フランソワ　Lyotard, François　127
リクール、ポール　Ricoeur, Paul　88
リヒテンベルク、ゲオルク・クリストフ　Lichtenberg, Georg Christoph　134
ルーマン、ニクラス　Luhmann, Niklas　80
ルカーチ、ジョルジ　Lukács, György　63-4
レーニン、ウラジーミル・イリイチ　Lenin, Vladimir Il'ich　62-3
ローティ、リチャード　Rorty, Richard　42-3

# 社会学の使い方

2016年10月 5 日　第1刷印刷
2016年10月20日　第1刷発行

著　者　ジグムント・バウマン
　　　　ミカエル・ヴィード・ヤコブセン
　　　　キース・テスター
訳　者　伊藤茂

発行者　清水一人
発行所　青土社
〒101-0051　東京都千代田区神田神保町1-29　市瀬ビル
[電話]03-3291-9831(編集)　03-3294-7829(営業)
[振替]00190-7-192955

印刷所　ディグ(本文)
　　　　方英社(カバー・扉・表紙)
製本所　小泉製本

装　丁　水戸部功

ISBN978-4-7917-6945-2　C0030　Printed in Japan